High 인공지능 Hi 인류의 미래

High 인공지능 Hi 인류의 미래

푸른길

머리말

2023년 2월, 챗GPT와 관련된 기사가 쏟아진 것을 시작으로, 'AI'라는 단어로 뉴스를 검색 하면 하루에도 수십 건의 기사가 등록되고 있는 것을 확인할 수 있습니다. 2024년, AI 관련 기사의 특징이 있다면, 광범위한 생활 전체 분야에 걸쳐서 AI가 다루어지고 있다는 것입니다. 아주 먼 미래의 일이라고만 여겨지던 '인공지능'이 우리 삶에 깊숙하게 들어왔습니다. 누군가는 인간만이 해낼 수 있던 영역들을 한순간에 침범당했다고 느꼈을지도 모르겠습니다.

우리는 지금, 인공지능과 공존하는 시대를 살고 있습니다. 그 변화의 중심에서 우리 모두가 인공지능을 이해하고, 급속한 변화 속에서 유연하게 적응하도록 도우며, 미래 사회에서 주도성을 지닌 세계시민으로 성장하는 과정을 돕고자 본 도서의 집필이 시작되었습니다.

인공지능은 우리의 일상생활에서부터 전문적인 분야에 이르기까지 많은 영역에서 활용되고 있습니다. 본 도서는 인공지능의 현재와 미래, 바람직한 활용 방법, 논쟁 사항 등을 총망라하여 제시합니다. 즉, '인공지능 기술을 슬기롭게 활용하는 사용 설명서'와 같은 역할을 할 것입니다. 또한, 인공지능을 활용하여 자신만의 창작물을 만들어보는 방법도 제시합니다.

이 책을 통해 인공지능을 본격적으로 활용하기 전, 올바른 가치관을 정립하게 되기를 바랍니다. 그리고 그 가치관을 바탕으로 미래사회를 이끌어나갈 인류 공동체의 구성원으로서, 세계시민으로서의 역할을 잘 해내 주기를 기대합니다.

하지만, 이 모든 것이 가능하려면 우리는 인공지능이 단순히 기술적인 도구가 아니라, 인간의 감성을 더 잘 이해하고, 인간에 대한 본질적인 공감을 실현하는 도구임을 이해해야 합니다. 이것이 바로 '하이터치(High touch)-하이테크(High tech)' 교육의 본질적인 지향점입니다. 인공지능은 우리의 삶을 더욱 풍요롭게 만들어 주는 동시에, 인류의 감성과 공감능력을 더욱 향상시켜 주는 촉매제의 역할을 하게 될 것입니다.

인공지능과 공존하는 세계로의 여행을 시작해 봅시다. 여러분의 호기심과 창의력이 미래 세계로 통하는 인공지능과 함께하는 여행을 더욱 흥미롭게 만들어줄 것입니다.

인공지능과 공존하는 슬기로운 여행, 시작합니다.

대표저자, 전혜인

[이 머리말의 초안은 'AI와 슬기롭게 공존하는 방법 안내'라는 본 도서의 기획 취지를 부각시키고자, MS사의 AI 챗봇인 코파일럿(Copilot)과 협업하여 작성되었습니다.]

인공지능과 함께 그려 보는 인류의 미래

교육은 기본적 인권이자 평화 구축 및 지속가능 발전 추진의 기반이 되므로 교육의 전문기구인 유네스코가 가장 우선시하는 분야입니다. 인문, 사회, 환경, 공학, 디지털 기술 전환 등 사회 각 분야의 큰 변화 속에서 현재의 미래 교육은 새로운 도전 앞에 서 있습니다.

인공지능과 인류가 공존하는 현재, 우리 모두 전 인류와 지구의 지속가능한 미래를 위해 함께 협력하고, 연대하기 위한 방법을 모색할 시점입니다. 그렇다면 인공지능 활용 교육의 바람직한 방향은 무엇일까요? 이 도서는 그 해답을 찾아가는 이정표를 제시하고 있습니다.

인간이 창의성을 기반으로 세계인권선언에 기반한 인권을 보호하고 지속가능한 평화가 보장되는 미래, 다양성이 존중되는 미래 교육을 향한 오늘의 도전을 지지합니다. 인공지능과의 바람직한 공존을 위하여!

– 유네스코한국위원회 네트워크사업실장, 서현숙

동요에서 교향곡까지, 판소리에서 팝송까지, ……. 비전문가여도 장르를 가리지 않고 눈 깜짝할 사이에 인공지능으로 작곡·작사를 해낼 수 있는 세상. 우리 생활 속에서의 인공지능 활용도는 그 한계점이 보이지 않을 만큼 다양하게 펼쳐지고 있습니다. 이 도서는 여러 교과의 선생님들이 교육 현장에서 학생들과 AI를 활용하며, 교육 방법을 연구하고 실천해 온 생생한 사례를 담고 있습니다. AI를 활용한 융합 교육 및 세계시민 교육의 방향성을 제시하고 있으므로 AI 교육의 흐름을 읽고자 하는 교사, 학부모, 학생 모두에게 이 도서를 권합니다.

– 서울대학교 기악과 교수, 성재창

우리 모두 AI의 시대가 왔다는 것은 알지만, 아직 피부에 와닿지는 않다는 목소리가 큽니다. 하지만 이제는 AI의 도움으로 책을 만들고, 그림을 그리고, 작곡까지 할 수 있는 시대가 되었답니다. 자신만의 콘텐츠를 생산하는 것이 너무나 중요한 시대! 우리의 생활에 밀접한 부분부터 AI를 활용한 콘텐츠 생산 경험을 쌓아 보세요. 그리고 그 시작이 막연하다면 분명 이 책이 여러분들에게 큰 도움이 될 것입니다. 설레는 마음으로 책장을 넘기고 하나하나 실천해 보세요. 미래는 여러분, 우리의 편입니다.

– EBS 영어강사, 혼공TV 채널 운영, ㈜혼공 유니버스 대표이사, 허준석

차례

인공지능, 인간의 강력한 라이벌이라고?

Education is the most powerful weapon which you can use to change the world.

교육은 세상을 변화시키기 위해 사용할 수 있는 가장 강력한 무기이다.

- Nelson Mandela -

1. 2016년 3월 알파고 대국을 전 세계가 집중한 이유

인공지능이 고도화되면서 인공지능이 과연 인간을 대체할 수 있을 것인지, 인간처럼 감정과 창의성을 가질 수 있는가에 대한 궁금증은 계속 커지고 있습니다. 먼 미래의 이야기일 것으로 생각되었던 인공지능, 인공지능은 이미 알게 모르게 우리 삶과 밀착되어 있었습니다. 인터넷 채팅 상담, 뉴스 기사 작성, 주식 정보 제공 등 인공지능 서비스를 우리는 그동안 일상에서 체험하고 있었던 것입니다. 더불어 스마트폰마다 음성인식 대화가 가능한 인공지능 앱들도 사용되고 있습니다. 이렇듯 이미 우리의 생활 속에 들어와 있는 인공지능을 앞으로 우리는 어떻게 바라보아야 할 것인가에 대한 논의가 꾸준히 이루어지고 있습니다. 인간과 인공지능의 대결, 인공지능의 활용도, 인공지능의 현주소에 대하여 몇 가지 사례들을 통해 조금 더 깊이 있게 알아봅시다.

2016년 3월 알파고와 이세돌 바둑기사의 대국은 전 세계의 이목을 집중

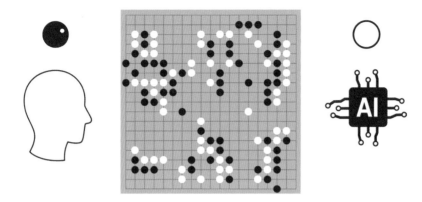

시켰습니다. 이 대국은 '알파고 대 이세돌' 또는 '딥마인드 챌린지 매치'라고 불리는데. 2016년 3월 9일부터 15일까지 하루 한 차례씩 총 5회에 걸쳐 진행된 이세돌 바둑기사와 인공지능 알파고 간의 바둑 대결이었습니다. 최고의 바둑 인공지능 프로그램과 바둑의 최고의 인간 실력자의 대결로 주목을 받았던 이 대결의 최종 결과는 알파고가 4승 1패로 이세돌 기사에게 승리를 거두었습니다.

　우리는 왜 알파고와 이세돌 바둑기사의 대국에 집중했을까요? 당시 많은 사람들은 '알파고가 뭐야?'라며 궁금해했습니다. 알파고 대국 이후, 인간의 지능을 모방한 컴퓨터 시스템이라 할 수 있는 '인공지능'에 대해서 다양한 매체들을 통해 많이 언급되기 시작했습니다. 미래의 삶을 이야기할 때 각자 인공지능이 적용된 삶에 대하여 상상해 본 경험이 있을 것입니다. 1940년대 후반에서 1950년대 초반까지 수학, 철학, 공학, 경제학 등 다양한 영역의 과학자들에게서 인공적인 두뇌의 가능성이 논의되었으며, 1956년에 이르러서는 인공지능이 학문의 분야로 들어섰습니다.

인공지능에 대한 연구의 황금기와 암흑기를 거쳐 제4차 산업혁명에 진입한 현재, 인공지능이 빠른 속도로 인간을 대체해 나갈 것이며, 널리 퍼져 있지 않을 뿐 우리가 막연히 상상하던 미래는 이미 와 있는 현재라고 생각해 볼 수 있습니다.

그렇다면 전 세계가 집중했던 알파고와, 알파고를 통해 인공지능 연구의 과정을 살펴봅시다. 알파고는 구글(Google)의 딥마인드가 개발한 '인공지능 바둑 프로그램'입니다. 1964년 세계 최초의 컴퓨터인 '애니악'이 발명된 후, 계산에서부터 시작하여 논리, 사고, 자각 등 실제 지능과 같은 인공적으로 만든 인공지능도 발전을 거듭해 왔습니다. 1997년 IBM의 인공지능 '딥 블루'가 세계 체스 챔피언 카스파로프를 상대로 승리하였으며, 같은 해 '로지스텔로'가 오셀로 세계 챔피언을 상대로 승리하였습니다. 바둑은 게임의 전개가 다양해 오랫동안 인공지능이 정복하지 못한 게임이었습니다. 2008년 인공지능 '모고'는 김명완 기사를 상대로 9점 접바둑으로 승리를 거뒀으며, 2011년 '젠'은 마사키와 5점, 4점 접바둑을 두어 승리하였습니다.

2016년 초, 알파고는 유럽의 바둑 챔피언 판 후이를 상대로 맞바둑 5번기 중 5번을 승리해 완승으로 마무리하였으며, 같은 해 3월에는 세계 최고의 기사로 평가되는 사람 중 하나인 이세돌을 상대하게 되어 인공지능이 바둑마저 정복할 수 있을지에 대해 많은 관심이 쏠렸습니다. 결국 2016년 3월 여러 국제 기전에서 18차례나 우승했던 세계 최상위급 프로 기사인 이세돌 9단과의 5번기 공개 대국에서 대부분의 예상을 깨고 알파고가 4승 1패로 승리했습니다. 알파고는 현존하는 최고의 인공지능으로 등극했으며, 전 세계를 놀라게 했습니다. 그 후 알파고는 2017년 5월, 당시 바둑 세계 랭킹 1위의 프로 기사였던 커제 9단과의 3번기 공개 대국과 중국 대표 5인과의 상담기에서도 모두 승리하며 세계에서 가장 강력한 인공지능임을 다시 한번 각인시켰습니다.

이렇게 알파고가 활약을 보여줌으로써 데미스 허사비스 구글 딥마인드 최고 경영자는 "앞으로 인공지능은 인류가 새로운 지시 영역을 개척하고 진리를 발견할 수 있도록 돕게 될 것"이라고 말했습니다. 딥마인드는 질병 진단 및 건강 관리, 신약 개발, 기후변화 예측, 무인 자율주행차, 스마트폰 개인 비서 등 사회 전분야로 확대해 미래의 다양한 핵심 서비스 사업에 적용할 수 있는 범용 인공지능을 개발할 것이라는 계획을 밝혔습니다.

인공지능의 학습에 있어서 데이터와 연산 능력보다 중요시되는 것이 '알고리즘(algorism)'이라 할 수 있습니다. 핵심은 무한대에 가까운 광범위한 경우의 수를 줄이는 것입니다. 알파고는 훈련된 심층 신경망이 몬테카를로 트리 탐색을 통해 선택지 중 가장 유리한 선택을 하도록 설계되었습니다. 심층 신경망은 정책망과 가치망의 결합에 의해 이루어져 있는데, 정책망은 승리 가능성이 높은 다음 수를 예측하여 검색 범위를 좁히며, 가치망은 트리 탐색의 단계를 줄여 끝날 때까지 승률을 계산하여 승자를 추정합니다. 이를 실현하기 위한 기계 학습은 여러 계층으로 디자인된 정책망을 구성하고, 정책망 지도 학습, 정책망 강화 학습, 가치망 강화 학습의 단계를 거치게 됩니다.

2016년 이세돌 기사와 대국한 알파고는 12개의 신경망 계층을 활용한 지도 학습과 이를 통해 가장 합리적인 수를 도출하는 강화 학습을 병행하였으며, 2017년 커제 9단과 대국한 알파고 마스터는 신경망 계층을 40개로 늘려 지도 학습 없이 강화 학습만으로도 기력을 향상할 수 있도록 진화했습니다.

알파고의 알고리즘은 여러 분야에 활용할 수 있다는 강점이 있습니다. 딥마인드는 2016년 영국의 국민건강보험공단과 협약을 맺고 알파고의 인공지능 알고리즘을 활용한 '딥마인드헬스'를 개발하여, 환자 치료와 진단 속도 단축 기술을 시험하고 있습니다. 실제로 이 프로그램은 병원 의료진들이 매일 2시간 정도 절약할 수 있게 해 주는 효과가 있는 것으로 알려지기도 했습니다.

이렇듯 사실상 인간에게 도전장을 내밀었던, 이세돌 기사와 바둑 대국을 펼쳤던 알파고를 접하게 되면서 인공지능이 더 이상 먼 미래의 이야기가 아니며, 우리 생활 속 어떤 영역에서 어떻게 인공지능이 영향을 미칠지에 대하여 지속적으로 논의해 볼 필요가 있는 시점입니다.

2. 알파고 이전에도 인공지능이 있었다고?

    인공지능의 인간에 대한 도전의 역사는 우리가 생각하는 것보다 오래 되었습니다. 1967년 MIT 출신 해커 리처드 그린블라트가 만든 맥핵은 인간과 체스 대결을 펼쳐 이겼습니다. 다만 당시 대결의 상대는 프로가 아닌 아마추어였습니다. 당시 맥핵은 훈련된 프로 체스 선수의 상대가 되지는 못했던 것입니다. 이후 인공지능의 도전은 계속 이어졌습니다. 1990년대 초반 인공지능 치누크가 체스 챔피언에 도전하였으나 패배하였습니다. 그 외에도 수 차례 인간과 인공지능의 체스 대결이 벌어졌지만, 그때까지 만 해도 그 어떤 컴퓨터도 인간의 벽을 넘어서지는 못했습니다.

    1989년 IBM이 개발한 딥 소트가 세계 체스 챔피언 카스파로프와 첫 대결을 하였으나 패배했습니다. 당시만 해도 고도의 두뇌 게임에서 기계가 인간을 넘어서는 것은 아직 먼 미래의 일로 보였습니다. 이어서 1996년 IBM은 더 발전된 딥 블루로 재도전하여 역사적인 1승을 거두게 되었습니다. 인공지능의 도전이 시작된 지 거의 30년 만에 드디어 인간을 이기게 된 것입니다. 최종 전적은 1승 2무 3패로, 완전하게 승리를 거두는 데에는 실패했습니다. 하지만 1997년 결국 딥 블루를 개량한 디퍼 블루가 2승 3무 1패로 인간 체스 챔피언을 상대로 승리를 거두는 데 성공했습니다. 당시 처음이라는 임팩트와 체스의 전설적인 그랜드 마스터가 졌다는 충격이 더해져 세계적으로 엄청난 주목을 받았습니다.

딥 블루
출처: 위키피디아

이후 인공지능이 인간을 압도해 나가는 속도는 점차 빨라지게 됩니다.

2004년 IBM은 또 다른 슈퍼컴퓨터인 '왓슨'의 개발을 시작하였습니다. 2011년 왓슨은 TV 퀴즈쇼 제퍼디에 출연하여 인간 퀴즈 챔피언 켄 제닝스와 브래드 루터를 압도하며 승리를 거머쥐었습니다. 퀴즈 대결에서 인간을 이기는 데 단지 7년이 걸린 것입니다. 그만큼 인공지능이 인간을 압도하는 속도가 빨라졌다고 볼 수 있습니다.

이후 왓슨과 대결했던 켄 제닝스는 TED 강연을 통해, '왓슨, 제퍼디와 나, 쓸모없이 져 버린 똑똑이'라며 쓸쓸한 소회를 남기기도 했습니다. 상당 기간 긴장된 대결이었던 체스에 비하면 다소 허무한 결말이었습니다.

그렇다면 왓슨이 이길 수 있었던 이유는 무엇이었을까요? 기계가 퀴즈쇼에 출연하기 위해서는 우선 인간의 언어로 물어보는 질문에 대한 이해가 필요합니다. 또한 동음이의어나 말장난이 섞인 퀴즈쇼 문제의 의도까지 파악하여 빠른 시간에 정확한 답을 찾아낼 수 있어야 했습니다. 가능한 모든 경우의 수를 따져 최적의 수를 계산하던 체스 때보다 훨씬 어려운 일이라고 할 수 있습니다. 하지만 당시 왓슨은 인간이 자연어로 묻는 질문을 알아 듣고 순식간에 대답을 했습니다. 당시, 속도와 정확성 모두에서 인간의 지성을 넘어섰다는 평가를 받았습니다. 이전까지 기계는 갖추기 힘들 것이라는 의견이 대다수였는데, 이 퀴즈쇼 이후, 기계가 추론 능력까지도 지닐 수 있겠다는 의견이 등장하게 되었습니다.

3. 왓슨은 우리 삶에 어떻게 영향을 미쳤을까?

왓슨은 어떻게 이런 일들을 가능하게 만들 수 있었을까요? IBM의 설명에 따르면 왓슨은 고도의 자연언어 처리, 정보 수집, 지식 재현, 사고, 기계학습 기술을 개방적인 질문·응답 영역에 적용한 것이라고 했습니다. 즉, 왓슨은 인간의 언어를 이해하고 판단하는 데 최적화된 일종의 인공지능 슈퍼컴퓨터라고 할 수 있습니다. 결국 왓슨의 승리는 강력한 하드웨어의 처리 능력과 인간의 언어를 이해하여 답을 찾아낼 수 있는 알고리즘의 결합에 엄청난 양의 지식을 학습하고 축적할 수 있게 한 빅 데이터가 뒷받침된 덕분이었습니다.

이후 왓슨은 오늘날까지 지속적으로 다방면에서 활용되고 있습니다. 특히 의료, 법률, 금융 등 방대한 양의 데이터를 빠른 속도로 분석해 최적에 가까운 답을 내놓아야 하는 전문 분야에서 그 능력을 발휘해 왔습니다.

이제 인공지능과 빅 데이터의 시대가 도래하였습니다. 세상의 지식과

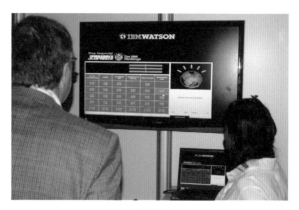

왓슨
출처: 위키피디아

컨텐츠는 물론, 사소해 보이는 일상생활까지 모두 데이터화되고 있으며 이것들이 모인 빅 데이터가 인공지능의 학습에 이용되고 있습니다. 20여 년 전 왓슨이 퀴즈 대결에서 인간을 이길 수 있었던 것도 이 덕분이었습니다. 최근 인공지능이 급속도로 발전한 것처럼 보이는데, 알고 보면 데이터 수집 및 분석 기술이 고도화됨으로써 머신러닝을 통해 인공지능의 성능도 향상된 덕분이라고 볼 수 있습니다. 방대한 데이터를 기반으로 기계가 더 많이 학습하고, 더 똑똑해질 수 있었던 것입니다.

이후 왓슨의 주특기인 자연어 기반 데이터 학습과 추론을 바탕으로 IBM은 왓슨이 인간의 비즈니스를 돕는 인공지능임을 강조하면서 이를 활용할 개발자, 스타트업, 파트너와의 협업 생태계를 구축하는 데 1억 달러를 투자하였습니다. IBM 전문가들의 도움을 통해 세계 헬스케어, 의료, 유통, 금융, 법률 및 행정, 로봇과 소프트웨어 분야에서 실제 왓슨을 도입하여 활용되고 있는 사례를 알아볼까요?

우선 눈여겨볼 분야는 바로 의료 헬스케어 분야입니다. 미국 스포츠웨어 브랜드 언더아머는 2016년 1월 자사 헬스케어 앱 'UA Record'에 왓슨 기술을 적용하였습니다. 수면, 운동, 활동, 영양 정보를 추적하여 개인의 건강관리사, 운동 트레이너 역할을 수행합니다. 왓슨 시각 인식 및 디스커버리 기술로 영양 관리를 위한 식단 일지를 직접 입력할 필요 없이 음식 사진을 통해 확인할 수 있도록 만들었습니다. 왓슨이 지원하는 뉴스와 기상 정보 등 실외 환경을 고려한 운동 프로그램을 제공하였습니다.

의료기기 업체 메드트로닉은 맞춤형 당뇨병 관리 솔루션을 개발하기 위해 자사 인슐린 펌프 데이터와 왓슨 헬스 클라우드 인지 컴퓨팅 기술을 접목했습니다. 제약회사 화이자는 면역 항암 분야 신약 개발에 왓슨을 동원했습니다. 왓슨의 자연언어 처리, 머신러닝, 다른 인지 추론 기술로 신약 표적 확인, 치료 대상 선정, 병용 요법 등을 연구하고자 했습니다. 이에 따라 제약 분야 특허 400만 건, 의학 저널 논문 100만 건을 학습했습니다.

한국 가천대 길병원은 메모리얼 슬론 케터링 암센터에서 학습된 IBM 왓슨 포 온콜로지를 도입한다고 밝힌 바 있습니다. 이는 의사가 데이터를 근거로 암환자에게 개인별 치료 선택지를 제공하도록 돕는 역할을 합니다. 당시 IBM은 한국 의료 가이드라인 및 언어에 맞추어 왓슨 포 온콜로지의 현지화 작업을 진행할 계획을 밝혔습니다. 길병원은 유방암, 폐암, 대장암, 직장암, 위암 치료에 이를 도입하여 활용하겠다고 예고했습니다.

한국 헬스케어 스타트업 엠트리케어는 비접촉식 스마트 체온계에 영어 기반 영유아 체온 모니터링 서비스 '써모케어 AI'를 선보였습니다. 왓슨과 연동된 써모케어 AI는 채팅 형태로 개인별 발열 대응 자문을 제공하고, 해

열제 복약 시간, 양, 방법 등을 가이드하고 열성 및 발열 질환 가능성도 점검해 주고 있습니다. 이렇듯 왓슨이 도래한 이후 특히 헬스케어 분야에서 왓슨의 도입이 적극 추진되었습니다.

4. 인공지능의 현재: 헬스케어 분야를 중심으로

인공지능이 적극적으로 도입된 후 5년 이상이 지난 현 시점, 헬스케어 분야에서는 어떠한 변화가 있었을까요?

인공지능은 우리 삶의 다양한 영역에서 적지 않은 영향력을 발휘하고 있습니다. 하루에도 수많은 환자들의 사진을 보고 암이나 기타 질병 여부를 판단해야 하는 의사들의 수고를 덜어 주는 인공지능 기술 역시 눈에 띄는 성과를 거두고 있습니다. 수많은 환자들의 사진을 학습한 인공신경망 알고리즘이 오랫동안 이 분야에 종사해 온 전문가 수준의 판별력을 갖출 수 있게 되었기 때문이라 할 수 있습니다.

2017년 서울 역삼동 구글코리아에서 진행된 구글 AI 포럼은 '딥 러닝 기술을 활용한 질병 조기 발견'이라는 주제로 구글 리서치 의학영상팀의 연구 성과를 공유했습니다. 구글 리서치 의학 영상팀 릴리 펭 프로덕트 매니저는 "지금까지 연구에서 딥 러닝이 의사를 위한 보조 수단으로 유망할 것

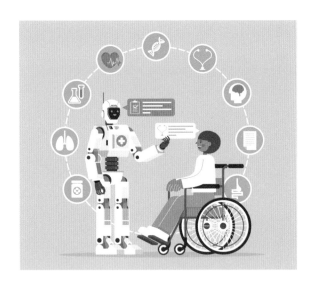

이라는 사실을 입증했다."며, "이제는 임상실험을 통한 검증이 필요한 단계"라고 밝혔습니다. 릴리 펭 매니저는 당뇨병성 망막병증, 암 조기 발견 분야에서 딥 러닝을 적용했을 때 어떤 성과를 낼 수 있는지를 공개했습니다.

당뇨병성 망막병증은 전 세계 4억 1,500만 명의 당뇨병 환자들에게 발병할 수 있는 위험한 질병입니다. 조기에 발견해 치료하면 다행이지만 그렇지 못하면 실명까지 갈 수도 있습니다. 그럼에도 불구하고 관련 의료 전문가는 부족한 실정입니다. 펭 매니저가 참여한 연구팀은 이러한 문제를 해결하기 위해 환자들의 안구 뒤쪽인 안저를 촬영한 12만 8,175개의 고화질 사진을 심층 인공신경망에 학습시켰습니다. 이 사진들은 미국에서 전문 자격증을 보유한 안과 의사, 안의학 전공 레지던트 등을 포함해 54명의 전문가들이 당뇨병성 망막병증이라고 판단한 결과물이었습니다. 학습을 거친 인공신경망을 대상으로 1만 2,000개 다른 사진에 대해 질병 여부를 판단하도록 한 뒤, 그 결과를 8명으로 구성된 다른 의사들이 다수결로 판단한 결과와 비교해 보도록 했습니다. 그 결과 9,963개 사진에 대해 의사들이 판단한 것과 인공신경망의 판단이 거의 일치한다는 결과가 나왔습니다. 이후 당뇨병성 망막병증을 진단하는 인공지능이 진단 보조를 넘어 치료 순응도를 높인다는 연구 결과가 나와 주목을 끌었습니다.

이는 검사의 번거로움을 크게 줄이면서 환자들의 부담을 감소시킨 데 따른 것으로, 특히 소아 청소년들의 검사에 매우 유용한 옵션이 될 수 있다는 것이 전문가들의 의견이었습니다.

'네이처(Nature)' 지에는 당뇨병성 망막병증 진단 인공지능이 환자의 순응도에 미치는 영향에 대한 연구 결과가 게재되었습니다. 당뇨병성 망막병증이란 당뇨병으로 인한 혈당 수치의 조절 이상으로, 망막에 있는 혈관과 신경 조직이 과도하게 커지거나 손상될 때 발생하는 질환입니다. 특히 소아 청소년의 상황을 보면 1형 당뇨병의 경우 유병률이 4~9%에 이르며, 2형 당뇨병의 경우 최대 15%에 달한다는 점에서 더욱 경각심이 높아지고 있는 상황입니다.

이에 대한 진단과 추적 관찰을 위해서는 지속적인 안과 검사가 필요하지만 순응도가 낮다는 것이 최대 난제로 꼽히고 있는 것이 사실입니다. 망막이 선명하게 보여야 하기 때문에 동공 확대를 위한 안약을 넣고 특수 장비를 통해 검사해야 한다는 점에서 소아 청소년들의 협조를 얻기가 쉽지 않습니다. 이에 대한 대안으로 제시된 것이 바로 당뇨병성 망막병증 진단을 위한 인공지능입니다. 그중 대표적인 것이 바로 인공지능의 유효성과 안전성 검증을 위한 'ACCESS' 임상실험입니다. 이 임상실험은 인공지능을 검증하고 있다는 점에서 학계의 관심을 받았습니다.

당시 공개된 연구는 과연 이러한 인공지능의 도입이 실제 검사율과 진단율에 얼마나 영향을 미치는지에 대한 분석이었습니다. 이에 따라 존스홉킨스 의과대학 리사 울프 교수가 이끄는 연구진은 과연 이렇게 인공지능을 통해 당뇨병성 망막병증 의심 판정을 받은 환자와 그렇지 않은 환자 간 진단과 검사, 추적에 차이가 있는지를 분석했습니다. 그 결과 인공지능의 도입은 순응도에 큰 영향을 미치고 있었습니다. 인공지능으로 당뇨병성 망막병증 의심 판정을 받은 환자는 6개월 내에 100% 후속 검사를 마쳤기 때문입니다. 하지만 현재 표준 요법으로 진단을 받은 환자, 즉 대조군은 6개월 이내 후속 검사를 받은 비율이 32.4%에 그쳤습니다. 진단에 따른 후속 조치도 마찬가지로 큰 차이가 났습니다.

인공지능으로 진단을 마친 환자는 64%가 안과 의사 권고대로 진단과 치료에 임한 반면 대조군은 22%에 불과했습니다. 리사 울프 교수는 "과거 복잡하고 불편한 검사를 인공지능으로 진행한 것만으로 후속 검사와 치료에까지 큰 영향을 미쳤다."며 "인공지능이 조기 진단을 넘어 환자의 순응도를 높이는 데에도 매우 큰 도움을 준다는 것을 시사한다."고 밝혔습니다.

뿐만 아니라 암 판독 분야에서 인공지능의 활용이 두드러지는 사례도 있습니다. 세계에서 가장 흔한 여성암인 유방암은 전체 여성암의 24% 이상을 차지하며, 우리나라는 아시아 국가 중 유방암 발생률이 최상위 그룹에 속하고 있습니다.

해당 질병에 대한 진단 검사에서 조영술은 낮은 에너지의 X-레이를 이용하여 질병의 진단 또는 감별을 위해 검사하는 것을 말합니다. 이 검사는 오랜 기간 동안 해당 질병으로 인한 사망률을 줄이는 데 중요한 역할을 해 왔지만 방사선사가 부족하고 모든 암을 발견할 수 없다는 문제가 지적되어 왔습니다. 그런데 최근, 인공지능을 활용하면 더 많은 암을 발견할 수 있다는 연구 결과가 나오기 시작했습니다. 연구원들은 "이제 인공지능이 유방암 검진에 적용될 준비가 되었다."고 주장합니다. 생명공학 분야의 스웨덴 의과대학 카롤린스카 연구소는 '란셋 디지털 헬스(Lancet Digital Health)'에 게시한 연구에서 방사선 전문의 한 명이 인공지능의 지원을 받아 조영술 검진을 할 경우 두 명의 방사선 전문의가 작업하는 것보다 더 많은 암을 발견할 수 있었다고 보고했습니다(해당 연구는 2021년 4월부터 2022년 6월까지 스톡홀름의 카피오 성 괴란 병원에서 진행되었고, 40~74세의 여성 5만 5,500명 이상이 검사를 받았습니다.).

연구자들은 "검사 과정에서 AI를 활용하지 않은 두 명의 방사선 전문의보다, AI를 활용한 한 명의 방사선 전문의의 이미지 판독 결과가 더 정확하며, 시간을 단축 시킬 수 있어 효율적이다."라고 주장합니다.

"우리의 연구는 AI가 촬영 검사 단계에서 통제된 구현을 할 준비가 되었다는 것을 보여 준다. 다만, 동일한 유형의 의학 촬영 장비로 촬영한 이미지에서 적절하게 테스트된 AI 시스템을 선택하고, 지속적인 모니터링을 보장해야 한다."며 연구팀은 "장기적으로 AI가 의학 촬영 검사 평가의 대부분을 차지할 가능성이 있다."라고 밝혔습니다.

이 외에도 의학 분야 전반에서 인공지능 기술은 빠른 속도로 개발 및 적용되고 있는 추세입니다. 비약적인 속도로 발전하고 있는 의학 기술은 우리의 삶을 어떻게 변화시키게 될까요?

5. 인공지능은 '인간만큼' 사고력이 뛰어날까?

앞서 우리는 바둑과 체스를 인간보다 잘하는 인공지능을 만나 보았으며, 방대한 데이터 입력을 바탕으로 인간의 판단 영역을 점차 대체해 나가는 인공지능의 모습을 보았습니다.

인공지능이 암기 과목은 물론 연산 능력이 인간보다 훨씬 뛰어나니 수학은 얼마나 잘할까요? 이와 관련하여 2016년 일본은 물론 세계를 떠들썩하게 만든 사건이 발생했습니다. 인공지능으로 작동하는 로봇 '도로보군'이 일본의 대학 입학 시험인 센터 시험에서 상위 20%에 해당되는 성적을 거둔 것입니다. 일본의 고등학생 절반 정도가 아예 센터 시험을 응시조차 하지 않는 것을 감안하면 사실상 상위 10%, 즉 우리나라로 치면 서울 지역 주요 대학에 능히 입학할 정도의 성적인 것입니다.

더구나 우리가 주목해야 할 부분은 이 인공지능 로봇이 눈과 손을 사용했다는 점입니다. 렌즈를 통해 인쇄된 시험지를 보고 이를 글자로 인식하여 입력한 뒤 문제를 풀었으며, 그 결과를 펜으로 해당되는 답 칸에 직접 마킹했습니다. 또한 수학 서술형 문항의 경우에는 직접 풀이 과정을 답지에 쓰기도 하였습니다.

이전에 사람과 대결하여 센세이션을 일으켰던 왓슨이나 알파고와 도로보군을 비교해 본다면 이게 얼마나 큰 진전인지 알 수 있습니다. 왓슨은 퀴즈쇼 저파티에서 사람과의 대결에서 우승을 차지했고, 이후 의사처럼 진단과 처방을 내리기도 하며 많은 충격을 준 IBM의 인공지능입니다. 그런데 왓슨은 사람의 목소리를 듣고 문제를 인식하고 인공 음성을 합성하여 답하는 방식이 아니라 키보드를 통해 문제가 입력되면 답을 모니터에 출력하는 방식으로 작동했습니다. 즉 '신체' 없이 '지능'만으로 작성했습니다. 알파고 역시 렌즈를 통해 바둑돌의 위치를 인식한 뒤 로봇 팔로 바둑판 위에 돌을 놓는 대신 사람이 마우스로 상대방의 착점을 찍어 입력해 주면 다음 착점을 모니터에 표시하는 방식으로 작동했습니다. 즉 실제 바둑판에 그 돌을 놓으려면 역시 사람의 도움이 필요했던 것입니다.

반면 도로보군은 사람과 똑같은 조건에서 시험을 치렀습니다. 그것도 바둑보다 훨씬 복잡한 여러 교과에 걸쳐 치러지는 시험을 사람의 도움 없이 시험지를 직접 읽었고, 사람의 도움 없이 직접 종이에 답을 썼습니다. 도로보군 프로젝트의 원래 목표는 도쿄대학교에 합격하는 것이었으나 그 목표는 이루지 못했습니다. 하지만 프로젝트 첫해 정답률이 50% 수준에도 미치지 못했던 것과 비교하면 장족의 발전을 이루었다고 볼 수 있습니다.

7년을 공들인 끝에 도로보군은 전체 수험생의 상위 20%에 해당하는 우등생으로 성장했습니다. 그럼에도 도쿄대학교 입학이 어려웠던 이유는 무엇일까요? 도로보군은 세계사 서술형 문제의 답안을 잘 작성하고, 수학만큼은 도쿄대학교 의대 신입생과 맞먹을 만큼의 실력을 갖췄음에도, 국어(일본어)와 영어 실력이 부족했습니다. 이는 교과서 문장의 의미를 온전하게 이해하는 '문해력'이 부족했기 때문으로 분석됩니다. 즉, 맥락을 파악해서 문제를 푸는 것이 아니라, 입력된 데이터를 활용해서 통계적으로만 답을 도출했기 때문에 글의 전체적인 통합 이해 관계, 앞뒤 맥락 간 구성 파악 등의 과정에서는 허점을 보인 것입니다. 아라이 교수는 "인공지능의 약점은 1만 개를 가르쳐야 간신히 하나를 아는 것, 응용력이나 유연성이 없는 것, 정해진 프레임 속에서만 계산 처리를 할 수 있는 것"이라고 설명하였습니다. 더불어 "도로보군의 장점과 한계를 파악했다."고도 덧붙였습니다.

　현재까지 발전된 인공지능 기술의 가장 큰 장점은 다량의 정보 종합 처리가 신속하게 이루어진다는 것, 인공지능이 적용될 다양한 분야에서 활용 및 개발할 수 있는 영역의 발전 가능성이 무궁무진하다는 것입니다. 그럼에도 여전히 인공지능이 '인간만큼' 사고력이 뛰어나다고 할 수 있을까? 라는 의문점은 존재합니다. 몇 년 후, 인공지능 기술이 더 발전한 시점에 인간과 인공지능이 '문해력에 기반한 창의적 사고력 측정' 대결을 펼친다면, 과연 승자는 누가 될까요? 당연히 인간이 승리할까요? 혹은 '알파고' 대국과 같이 전 세계가 깜짝 놀랄 만한 인공지능의 역습이 펼쳐질까요? 향후 인공지능 기술의 발달 속도를 꾸준히 체감하며, 승자를 예측해 봅시다.

6. 인공지능과의 공존을 꿈꾼다면

　퀴즈쇼에서 왓슨이 답을 맞출 수 있었던 것, 도로보군이 대입 시험의 문제를 풀 수 있었던 것은 특정 지식을 '알아내어' 한 것이 아니었습니다. 왓슨의 경우 질문과 관련이 있는 단어를 스스로 찾아 대답한 것이며, 도로보군 역시 대입 시험 문제를 푼 것도 이와 같은 맥락에서 이루어졌습니다. 즉 엄청난 규모로 누적된 자료들을 통해 확률적으로 찾아내는 기술이 기반이 되었다고 볼 수 있습니다.

　혁신이라 여겨졌던 왓슨의 상용화 과정에서 발견된 문제점에는 무엇이 있을까요? '왓슨 포 온콜로지'는 암 진단과 치료를 위한 인공지능 소프트웨어임을 앞서 소개한 바 있습니다. 이는 혁신적 시도로서 세계적인 주목을 받았으며 국내에서도 가천대 길병원을 시작으로 도입하며 화제가 되었습니다. 하지만 환자의 정보를 의사가 일일이 수동으로 입력해야 했던 점 및 정보 입력에 인간의 노력이 필요한 데 비해 정작 의사들이 도움을 필요로 하는 어려운 결정에 대해서는 답을 제시해 주지 못한다는 문제점이 발견되었습니다.

도로보군 연구 당시, 인공지능 기술의 발전으로 인간의 노동력을 대체하는 시대가 도래하면, 수많은 사람들이 일자리를 잃고 생계를 위협받게 될 것이라는 두려움이 있었습니다. 도로보군의 연구팀 아라이 교수는 2010년 『컴퓨터가 일자리를 빼앗는다』라는 저서에서 "20년 안에 전체 화이트칼라 직종의 50%가 감소할 수 있다."고 경고하였는데, 일본 사회는 이를 진지하게 받아들이지 못했습니다. 아라이 교수는 가까운 미래에 일어날 심각한 사회 변화와 그 대비책을 마련해야 한다고 경고했습니다. 로보군의 문제점은 문장의 의미를 이해하지 못한다는 점, 즉 맥락을 파악하여 문제를 푸는 것이 아닌 입력된 데이터에 기반하여 단순 통계적으로만 답을 도출한다는 점입니다. 이를 통해 인공지능 시대를 살아가는 우리에게 반드시 필요한 능력은 '독해력을 기반으로 한 커뮤니케이션 능력과 이해력'이라고 볼 수 있습니다.

과연 인공지능에게 인간이 위협을 받게 되는 날이 올까요? 현시점, 우리 인간의 위치는 어디쯤이며, 어떠한 가치에 중점을 두어 살아갈 것인가에 대한 개인 및 사회의 진지한 고찰이 요구됩니다. 또한 인공지능과 공존하는 현시대를 어떻게 마주할 것인가에 대해 사회 구성원 간, 지속적으로 논의하는 과정이 필요합니다. 인공지능 시대를 살고 있는 현 인류의 근본 가치관에 대해 진지하게 사유하는 과정 역시 선행되어야 합니다. 또한 인공지능 기술의 발전으로 인해 예상되는 문제점을 다양한 측면에서 예측하고, 그에 따른 해결책을 찾으려는 과정 등이 병행된다면 인공지능과의 지속가능하며 평화로운 공존의 시대가 안정적으로 열릴 것입니다. 인류가 인공지능과의 현명한 공존을 꿈꾸고 노력하는 한, 인공지능은 인간의 강력한 라이벌이 아닌, 공존을 위해 동행(同行)하는 존재가 될 것입니다.

인공지능이 대체 뭐길래

The goal of AI is not to create a more creative job,
but to replace everyday and repetitive tasks.

AI의 목표는 더 창의적인 일이 아니라
일상적이고 반복적인 일을 대체하는 것이다.

- Demis Hassabis -

1. AI, 너의 이름은 인공지능

인공지능이 걸어온 길

    컴퓨터 개발과 지금의 인공지능에 이르는 첫걸음은 1800년대 천문학과 수학을 연구하던 영국의 찰스 배비지(1792~1871)로부터 시작됩니다. 그는 사람들이 복잡한 계산을 정리해 들고 다니던 계산표의 오류를 개선하기 위해 사람을 대신해서 자동으로 계산해 주는 기계, 즉 컴퓨터 제작에 관한 연구를 진행하였습니다. 10년간 연구를 계속했지만 당시의 기술 수준으로는 아쉽게도 자동으로 계산해 주는 기계를 만들 수 없었고, 컴퓨터라 불리는 기계를 설계하는 수준에서 마무리되었습니다.

    '컴퓨터의 아버지'라 불리는 배비지가 세상을 떠나고 65년이 지난 후 배비지의 아이디어는 영국의 천재 수학자이자 컴퓨터 과학자인 앨런 튜링(1912~1954)에 의해 구체화되었습니다. 튜링은 정해진 규칙에 따라 수학

을 풀면 정답에 도달할 수 있다는 사실을 기계에 접목하는 '만능 기계' 즉 '튜링 머신'을 생각해 냈고, 오늘날 컴퓨터에 사용하는 이진수인 0과 1의 규칙표를 만들어 작동하게 하는 컴퓨터의 기본 아이디어를 완성했습니다.

제2차 세계대전 후 튜링은 컴퓨터 설계를 시작하여 5년에 걸친 노력 끝에 1950년 자신이 구상했던 '만능 기계'를 제작하여 당시에는 생소한 인간의 지능을 기계에게 학습을 통해 구현할 수 있다는 '생각하는 기계'에 관한 논문을 발표하면서 인공지능의 기반을 마련했습니다.

인공지능(Artificial Intelligence, AI)이라는 용어는 1955년 존 매카시에 의해 처음 등장했습니다. 미국 매사추세츠 공과대학(MIT) 교수를 역임한 매카시는 「지능 있는 기계를 만들기 위한 과학과 공학」이라는 논문에서 AI를 언급하였고, 이듬해인 1956년 미국 다트머스 대학교에 수학, 심리학,

컴퓨터 공학 분야의 당대 석학들이 모여 인간의 지능과 같은 생각하는 기계를 만들기 위한 논의와 연구를 시작했습니다. 다트머스

$$2 \overline{)\ 11}$$
$$2 \overline{)\ 5} \cdots\cdots 1$$
$$2 \overline{)\ 2} \cdots\cdots 1$$
$$1 \cdots\cdots 0$$

$11 \rightarrow 1011_{(2)}$

11을 이진법으로 계산

회의가 언론에 보도되면서 많은 사람들은 곧 인공지능 시대가 도래할 것이라는 기대에 들떴습니다. 많은 과학자들은 연구에 몰입했고, 사람들의 기대도 매우 컸지만, 결과적으로 생각하는 기계는 만들지 못했습니다. 이것이 1차 AI 붐이었습니다.

1차 붐이 끝나고 1970년대까지 20년 가까이 인공지능에 대한 연구는 해묵은 숙제처럼 먼지만 쌓인 채 연구실의 구석에 놓여 있었습니다. 하지만 정부와 기업의 외면 속에서도 일부 연구자들은 외롭게 연구를 계속하고 있었습니다. 그러던 중 1980년대에 지식을 컴퓨터에 넣어 지식 베이스를 형성하여 전문가와 같은 질의응답이 가능하도록 하는 익스퍼트 시스템이 개발되면서 다시 한번 AI는 세상의 주목을 받게 되었습니다. 지식을 기반으로 똑똑해진 컴퓨터가 전문가만이 가지고 있는 지적 능력으로 문제를 척척 해결해 줄 것이라고 생각했지만, 실제로 답을 얻기 위해서는 지식을 서술하고 입력하는 과정에 방대한 시간과 인력이 필요하다는 사실이 알려지면서 AI에 대한 2차 붐은 다시 수면 아래로 내려갔습니다.

'인공지능에 대한 연구는 이대로 사라지는 것일까?'라고 생각되는 순간 새로운 세상으로 바뀌기 시작하였습니다. 1990년대에 컴퓨터 보급이 급격히 늘고 인터넷 기술과 검색엔진이 급속도로 발전하면서 누구든지 정보에 쉽게 접근할 수 있는 환경이 조성되었기 때문입니다. 그리고 2000년

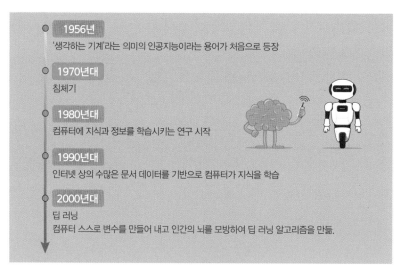

1956년
'생각하는 기계'라는 의미의 인공지능이라는 용어가 처음으로 등장

1970년대
침체기

1980년대
컴퓨터에 지식과 정보를 학습시키는 연구 시작

1990년대
인터넷 상의 수많은 문서 데이터를 기반으로 컴퓨터가 지식을 학습

2000년대
딥 러닝
컴퓨터 스스로 변수를 만들어 내고 인간의 뇌를 모방하여 딥 러닝 알고리즘을 만듦.

인공지능 연구의 발전 과정

대에 들어서면서 검색엔진이 비약적으로 발전하여 필요한 자료를 선별하고 불필요한 자료를 걸러 내는 필터링 기능을 비롯해 다양한 능력을 갖추게 되었습니다. 특히 2000년대 중반 기계 학습이라는 머신러닝이 발전하고, 더불어 인공신경망 분야에서도 획기적 발전이 이루어지게 됩니다. 인간의 뇌와 비슷한 구조를 구현한 인공신경망은 오래전부터 연구되어 왔지만 실현 가능성이 낮다는 이유로 소수의 연구자들만 붙들고 있던 과제였습니다. 이렇게 버려지다시피 한 연구 과제가 딥 러닝이라는 이름으로 화려하게 부활하게 되었습니다.

역사 속 유물로 남을 뻔한 딥 러닝 기술은 머신러닝과 결합되면서 인공지능 기술을 비약적으로 발전시켰고, 구글 딥마인드가 개발한 인공지능 바둑 프로그램 알파고는 2016년 이세돌 9단과의 바둑 경기에서 4승 1패

인공지능(AI) = 빅데이터 + 머신러닝 + 인공 신경망 기술
(딥 러닝)

인공지능의 형성

로 승리하는 사건이 일어나게 되었습니다. 이세돌 9단과의 바둑 경기는 AI에 대해 알지 못했던 많은 사람들에게 인공지능 시대가 도래하였음을 알리는 기폭제가 되었고, 제3의 AI 붐을 일으켜 전 세계인들이 인공지능 시대를 직접 피부로 느끼기 시작하게 되었습니다.

인공지능도 구분이 필요해

2000년 이후 본격적으로 불기 시작한 인공지능의 바람은 이제 시대의 대세로 자리 잡았습니다. 앞으로 인공지능은 어디까지 어떻게 발전해 갈까요? 지금 당장 답을 제시할 수는 없지만, 현재 인공지능의 변화를 보면 미래를 예측할 수 있을 것입니다.

21세기 인공지능 개발은 큰 카테고리에서 '약한 인공지능(weak AI)'과 '강한 인공지능(strong AI)', 두 갈래로 나누어 진행되고 있습니다.

약한 인공지능은 인간이 수행하고 있는 여러 가지 일 중 일부를 대신하는 것으로, 제한된 범위 안에서 인간의 지능과 유사한 방식에 따라 주어진 문제를 해결하도록 프로그래밍된 것입니다. 예를 들어 스팸 메일을 분류하려면 인간은 수많은 메일을 일일이 확인해야 합니다. 그러나 인공지능에 특정 스팸 문구를 답으로 설정해 주고 학습시키면 인간이 스팸 메일을 걸러 내야 하는 업무에서 시간을 절약해 줄 수 있습니다.

추천 시스템도 인공지능을 기반으로 하고 있습니다. 특정 뉴스를 많이 보거나 전자상거래에서 주로 찾는 상품의 검색 기록을 바탕으로 고객의 선호도에 맞게 추천해 주는 것으로, 머신러닝과 데이터 분석을 통해 진행됩니다.

약한 인공지능은 의료 분야에서도 연구가 활발히 진행되고 있습니다. X 레이나 CT, MRI 등 영상 기록을 분석하여 질병을 진단하거나, 환자가 병원을 방문하기 어려울 때 간단한 진료의 경우 방대한 의학 데이터를 학습시켜 진료를 해결하는 방법도 개발되고 있습니다.

현재 소비자 입장에서 약한 인공지능을 가장 많이 활용하는 것으로 음성인식 기술도 빼놓을 수 없습니다. 아이폰의 시리(Siri), KT의 기가지니 (GiGA Genie), SK텔레콤의 누구(NUGU) 등은 음성을 인식하여 필요한 목적을 수행하고 있는 기술로, 약한 인공지능의 한 예입니다.

반면 강한 인공지능은 인간이 수행하는 거의 모든 것을 할 수 있는 상태

어떻게 내가 원하는 것들을 신통방통하게 골라서 알려 줄까?

를 추구합니다. 따라서 강한 인공지능은 인간의 지적 능력과 동일하게 문제를 해결하거나 대화, 창의적 작업 등을 수행할 수 있습니다. 인간의 뇌 구조와 비슷하게 구조를 갖추고, 강화된 학습을 통해 인간이 행하는 모든 분야에서 동일한 행동에 동일한 결과를 낳을 수 있는 상태를 추구하기 때문입니다.

그러나 인공지능 개발이 과연 어디에서 멈출지는 의문입니다. 현재 강한 인공지능의 발전은 약한 인공지능의 발전에 달려 있다고 해도 과언이 아닙니다. 약한 인공지능 기술이 비약적으로 발전하면, 그것을 조합하여 강한 인공지능의 개발 속도를 지금보다 빠르게 할 수 있습니다.

만약 강한 인공지능이 현실화된다면, 그리고 인공지능이 스스로 학습을 통해 진화하여 강한 자의식 속에 목표를 설정하고 실행하는 초인공지능 (Super AI)으로 진화한다면 미래는 우리가 꿈꾸는 유토피아가 될지, 아니면 일부 SF 영화처럼 디스토피아가 될지 지금은 속단할 수 없습니다. 과학자 스티븐 호킹은 "인공지능의 발전이 인류에 위협이 될 수 있다."고 했고, 빌 게이츠는 "처음에는 인공지능이 우리에게 많은 일을 해 주겠지만, 몇십 년 후에는 우려할 수준으로 지능이 발달할 수 있다."고 우려를 표명했습니다. 반면 일론 머스크는 "인공지능은 악마를 불러내는 일"이며, "핵무기 만큼 위험할 수도 있다."고 강력하게 경고했습니다. 반대로 김진형 카이스트 명예교수는 한 매체와의 인터뷰에서 기계 부속품과 프로그래밍된 지능으로 이루어진 인공지능에게서 "스스로 목표를 세우고 의지를 발휘하는 일은 결코 일어나지 않을 것"이라고 얘기했고, 그 이유로 "기계는 생물학적 욕구와 그에 근거한 감정을 갖고 있지 않기 때문"이라고 결론지었습니다.

다만 이러한 기계가 "지금은 불가능하지만 먼 미래에는 알 수 없다."고 하여 여지를 남겼습니다.

우리는 영화 「AI」, 「터미네이터」, 「마이너리티 리포트」, 「매트릭스」 등을 보면서, 다양한 각도에서 인공지능 시대를 상상해 보고 있습니다. 과연 다가올 미래 세계는 어느 영화가 가장 근접한 결과물에 도달했다고 손을 들어 줄 수 있을까요?

2. 기계가 스스로 학습하는 시대

인공지능 에이전트란?

인공지능 에이전트는 컴퓨터가 머신러닝이나 자연어 처리와 같은 인공지능 기술을 사용하여 스스로 인터넷을 통해 정보를 수집하여 제공하거나, 기타 서비스를 제공하는 프로그램입니다. 에이전트라는 단어에서 알수 있듯이 인공지능이 일정한 권한을 가진 대리인으로서 인간이 해야 할역할을 대행해 주는 것으로, 비서와 같은 역할로 보면 됩니다. 현실 속의에이전트가 연예인이나 프로 운동 선수들을 대신하여 광고 계약을 하거나 연봉 협상을 진행하듯이, 인공지능이 특정 분야의 업무를 대신해서 처리하는 것으로, 의료, 금융, 운송, 법률, 엔터테인먼트 등 광범위한 분야에서 실현되고 있으며, 성능 향상을 위해 지속적인 연구도 함께 진행되고 있습니다. 인공지능 에이전트는 수신된 데이터를 기반으로 스스로 학습하고 스스로 결정 및 실행하는 프로그램으로, 사람의 개입 없이도 작동하므로 단순 직종부터 전문직까지 현재의 직업군 중 앞으로 적지 않은 부분을 인공지능 에이전트가 대체할 가능성이 높습니다. 인간의 직업군에 적지 않은 변화를 일으킬 인공지능 에이전트는 크게 다섯 가지가 나눌 수 있습니다.

우리가 가정에서 흔히 사용하는 청소기, 에어컨, 공기정화기 등은 단순 반응 에이전트로, 주어진 특정 조건에만 행동하는 특성이 있으며, 조건이

비서 에이전트

길 찾기 에이전트

음성인식 에이전트

청소 에이전트

운전 에이전트

생활 주변의 다양한 지능 에이전트

완료되면 작동을 멈추게 됩니다.

모델 기반 반응형 에이전트의 경우 과거의 경험, 즉 인식을 기억하기 때문에 현재의 관찰 가능한 환경에서 과거의 경험이 영향을 미치는 형태입니다.

목표 기반 에이전트는 작업 수행에 필요한 현재 상태의 정보가 있다 하더라도 과거의 기억을 참고하여 행동하고, 변화에 대한 예측을 하면서 목표 달성에 도움이 되는 행동을 선택합니다.

유틸리티 기반 에이전트는 다양한 추가적 환경 조건이나 상태를 제공하고, 기존의 기억을 바탕으로 용도에 맞는 유용한 방법을 최선의 선택으로 수행합니다.

러닝 에이전트는 학습 능력이 있는 에이전트로, 기존의 학습된 지식을 바탕으로 주어진 환경 속에서 상호작용하며, 분석하고, 성능을 향상시키며 행동을 수행합니다.

로봇을 생각해 보면 몸통에 팔과 다리가 연결되어 있고, 카메라 등 이미지 센서와 소프트웨어가 탑재되어 센서로부터 들어온 정보를 바탕으로 환경과 상호작용하면서 복잡한 업무를 수행합니다. 자율주행차의 경우도 실제 주행 과정에서 통신과 센서를 통해 수많은 정보를 얻고, 반복적인 시뮬레이션 과정을 거쳐 학습하여 최적의 운전을 수행합니다. 인공지능 에이전트도 일반적으로 센서를 통해 정보를 얻고, 얻은 정보를 인공지능으로 판단하며, 액추에이터라는 구동기를 통해 실질적인 움직임을 실현해서 원하는 결과를 얻어냅니다. 이때 같은 과정을 순환적으로 반복하면서 학습을 하게 되고, 시간이 지남에 따라 지능이 향상됩니다. 의료 분야에서

인간과 인공지능 에이전트의 비교

기능	인간	인공지능 에이전트
인식	감각 기관 (눈, 코, 입 등)	센서 (이미지 센서, 소리 센서, 광각 센서, 초음파 센서 등)
판단	자연 지능	인공지능
행동	운동 기관 (팔, 다리 등)	구동기(로봇 팔과 다리)

도 CT나 MRI 판독을 학습시켜 환자의 병을 판단해 내고 있고, 전투기의 경우, 조종사 없이 인공지능 에이전트로 실험 비행에 성공한 사례도 있습니다. 이러한 인공지능 에이전트는 비서로서 또는 대리인으로서 가정에서부터 전문직에 이르기까지 가까운 미래에 수많은 분야에서 사용되면서 노동 시장에도, 사회 문화적인 면에서도 일대 혁신을 일으킬 것으로 생각됩니다.

1980년대 MS-DOS와 윈도우 프로그램으로 세계적 명성과 부를 거머쥐었던 빌 게이츠는 당시 "가까운 시간 안에 퍼스널컴퓨터의 시대가 열릴 것"이라고 예견했고, 그의 예언은 현실이 되었습니다. 그리고 최근 빌 게이츠는 "앞으로 몇 년 안에 모든 사람이 인공지능 에이전트, 즉 AI 비서를 데리고 다니는 시대가 올 것"이라고 예상했습니다. 어떻게 보면 우리는 제4차 산업혁명이라는 태풍의 눈 속에 살고 있는지도 모르겠습니다.

알고리즘은 무엇일까?

알고리즘(algorithm)은 9세기 페르시아의 수학자 알콰리즈미의 이름에서 유래합니다. 페르시아 최초로 수학책을 만든 알콰리즈미는 수학자이자 천문학자로 현재 '대수학(代數學)의 아버지'라 불리기도 합니다. 그가 만든 사칙연산과 방정식을 해결하는 접근 방식은 수학을 진일보하게 만들었고, 인도에서 들어온 숫자 영(0)의 개념과 함께 '인도 수학에 의한 계산법'이라는 책을 저술하여 서양에 전파하기도 했습니다.

알고리즘은 어원에서 알 수 있듯이 수학에 기초를 두고 있습니다. 어떤 수학 문제를 해결하기 위해서는 다양한 셈법이나 해법이 있게 마련인데, 알고리즘은 이를 해결하기 위한 일련의 체계를 순서에 맞게 규칙을 만드는 것입니다. 즉 알고리즘은 계산의 절차나 문제 풀이 과정을 순서대로 나열한 것으로 보면 됩니다. 우리에게 일상에서 벌어지는 다양한 문제들을 컴퓨터를 통해 해결하려 한다면, 문제 해결의 순서나 절차를 컴퓨터에게 명확하게 알려 주어야 합니다.

더 간단히 설명한다면 알고리즘은 문제를 해결하기 위한 논리적 방법이나 절차로 생각하면 됩니다. 알고리즘의 순서도를 보면 알고리즘은 우선 문제를 분석하고, 해결 방법을 제시하며, 실행에 옮긴 후 그 결과물을 가지고 문제점을 확인하는 일련의 과정이라는 것을 알 수 있습니다.

사실 우리는 수학 문제를 풀 때뿐만 아니라 일상에서도 늘 알고리즘을 무의식적으로 활용하고 있습니다. 단지 의식하거나 지각하지 않고 습관처럼 실천하기 때문에 잘 몰랐을 뿐입니다. 간단한 예를 들어 내일 학교 수업을 위해 가방을 챙기는 과정을 순서도에 따라 확인해 봅시다. 먼저 책상 위에 책과 가방을 올려두고 '수업을 위한 교과서인가?'라는 질문에서 '예'에 해당하면 가방에 넣고, 동일한 질문에서 '아니오'에 해당하면 책장에 넣습니다. 이 과정을 한 권씩 진행하면서 '수업 교과서를 모두 챙겼는가?'라는

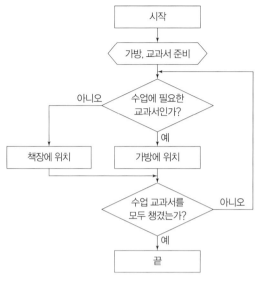

의 내용은 이미지 안에 있습니다:
시작
가방, 교과서 준비
수업에 필요한 교과서인가?
아니오 → 책장에 위치
예 → 가방에 위치
수업 교과서를 모두 챙겼는가?
아니오
예 → 끝

가방을 챙기기 위한 순서도

질문에 '아니오'가 되면 다음 책을 진행하고 또 다음 책을 진행하게 됩니다. 이렇게 한 권씩 진행되는 작업을 통해 수업에 필요한 교과서를 모두 가방에 넣고, 그렇지 않은 교과서는 책장에 위치하게 될 때까지 반복합니다. 최종적으로 책상 위에 있던 교과서가 모두 없어지면 '수업 교과서를 모두 챙겼는가?'라는 질문에서 '예'가 될 것이고, 이를 통과하면 모든 작업은 끝나게 됩니다. 컴퓨터는 이렇듯 순서도 즉 알고리즘에 따라 작업을 수행합니다. 그러나 인간은 일상생활에서 다음날 진행될 수업 교과서를 챙기는 과정에서 모든 교과서를 책상 위에 올려놓고 한 권씩 정리하지는 않을 것입니다. 각자의 습관에 따라 두세 권을 한꺼번에 정리하는 학생도 있겠지만 교과서를 분류하는 기본적인 틀은 비슷할 것이고, 이 과정에서 알고리즘이 작동하고 있는 것입니다.

알고리즘은 많은 분야에서 활용되고 있지만 우리는 보통 포털 사이트나 쇼핑몰, 유튜브 등에서 많이 접하게 됩니다. 포털 사이트에 접속하여 검색창을 활용하거나, 쇼핑몰에 들어가 구매하려는 것을 검색하면, 검색한 정보나 목록이 업체의 데이터에 수집되게 됩니다. 정보를 수집한 포털 사이트 업체는 수집된 정보를 기반으로 유사한 검색이나 쇼핑 형태를 보이는 사용자들에게 비슷한 정보를 제공합니다. 자주 검색했던 포털 사이트의 경우 광고창에 검색했던 제품이 수시로 뜨는 경우도 많습니다. 유튜브의 경우에도 시청한 영상과 유사한 분류에 속하는 것들을 추천해 줍니다. 이러한 모든 것들이 맞춤형 알고리즘 기반 서비스인 것입니다.

인공지능은 알고리즘을 통해 문제를 해결하기 때문에 서로 분리해서 생각할 수 없습니다. 인공지능의 모든 분야에 알고리즘이 깊숙이 자리 잡고 있기 때문에 알고리즘을 구성하는 방법의 차이가 효율의 차이를 가져올 만큼 알고리즘을 명확하게 설계하는 것은 매우 중요합니다.

빅 데이터! 보이지 않는 가치를 찾아라!

빅 데이터는 디지털 환경에서 만들어지는 거대한 규모의 데이터를 말하는 것으로, 활자나 사진, 영상뿐만 아니라 데이터화된 모든 자료를 의미합니다. 하루에도 엄청난 양의 데이터가 다양한 형태로 생성됨으로 인해 전통적인 지면 활용 방식으로는 수집 및 보관을 감당할 수 없는 것이 현실입니다. 디지털 시대가 아니면 버려질 수많은 자료가 실시간으로 생성되고,

생성된 자료는 국가 기관 및 기업의 데이터베이스나 클라우드에 저장되고 있습니다. 현재 하루에 약 2.6퀸틸리언바이트(quintillion byte)의 데이터가 생성되고 있습니다. 이를 우리나라 수치로 환산하면 100경(1경은 10^{16})바이트가 넘는 양입니다. 어느 정도의 양인지 느낌이 오지 않을 정도로 많은 양이지요.

이렇듯 우리는 데이터의 홍수 속에 살고 있고, 이는 데이터 중심 세상이 본격적으로 개막했다고 할 수 있습니다. 이렇게 많은 데이터를 보관하고 관리하는 데 막대한 비용이 들어감에도 빅 데이터가 중요한 이유는 무엇일까요? 정부나 기업의 입장에서 보면 이렇게 생산된 데이터가 정보 자산이기 때문입니다. 정부는 국가 경영을 위한 각종 통계자료에 활용하고, 기업은 확보된 데이터를 기반으로 정보를 추출하고 분석하여 소비자 만족을 위한 더 큰 가치를 창출하거나, 정보의 가공을 통하여 새로운 비즈니스 모델을 만들어 냅니다.

예를 들어 늦은 밤에도 많은 사람들이 이동하는 서울은 버스나 지하철의 막차 시간을 놓치면 택시를 타거나 다음날 아침 첫차 시간까지 길가에서 기다려야 하는 불편이 있었습니다. 서울시는 KT와 손잡고 빅 데이터 분석을 통해 승객 수와 수익성에 대한 분석을 하였습니다. KT는 늦은 시간 30억 회 정도의 통화 기록과 고객 위치 정보, 그리고 500만 건 이상의 교통 데이터를 이용하여 분석한 결과, 자정부터 새벽 5시까지 운영하는 심야 전용 버스인 '올빼미 버스'가 등장하게 되었습니다. 늦은 밤에 귀가하는 시민들의 불편을 해소하기 위해 시민들의 이동 패턴 및 교통 수요 예측 또한 빅 데이터 분석을 통해 최적의 노선을 운영하고 있는 성공적인 사례라고 할 수 있습니다.

빅 데이터는 인공지능 시대를 한 발 더 앞당기는 단초가 될 것입니다. 또한 빅 데이터는 정보 분석을 통해 현재를 이해하고, 이를 바탕으로 미래를 예측하여 더 좋은 미래를 창조하기 위한 효과적인 결정에 큰 도움이 될 것입니다.

3. 우리는 지금 인공지능 비서가 필요해

머신러닝? 딥 러닝? 뭐가 다른 거야?

21세기에 들어서면서 인공지능에 관한 뉴스를 접하다 보면 가장 많이 등장하는 단어는 머신러닝과 딥 러닝입니다. 생각하는 지능을 말하는 인공지능은 전체를 포괄하는 가장 큰 개념이고, 그 안에 다양한 분야 중 머신러닝이 있으며, 머신러닝 안에 딥 러닝 분야가 있습니다. 머신러닝은

딥 러닝, 머신러닝의 개념 비교

machine(기계)과 learning(학습)의 합성어로, 기계가 스스로 학습한다는 뜻입니다.

그렇다면 기계가 어떻게 스스로 학습을 하는 걸까요?

인공지능을 구현하는 방법에는 크게 두 가지가 있습니다. 사람이 사전에 정의한 규칙에 따라서 결과를 도출하는 '규칙 기반 시스템'과 컴퓨터에 특정 작업을 처리하기 위한 전문적인 지식을 구현하여, 사전 정의된 지식을 기반으로 문제를 해결하는 '지식 기반 시스템'이 있습니다. 이러한 인공지능을 구현하기 위한 기술 중에서 컴퓨터 시스템에 특정 데이터와 문제가 주어졌을 때, 데이터로부터 필요한 정보 또는 중요 패턴을 추출하여 문제를 해결하는 학습을 통해 스스로 자신을 개선해 나갈 수 있는 컴퓨터 알고리즘을 연구하는 분야가 머신러닝입니다.

머신러닝과 딥 러닝의 차이점은 데이터가 컴퓨터에 주입되기 전에 인간에 의한 데이터 특징 추출 작업의 유무에 있습니다. 예를 들어, 컴퓨터로 사과와 바나나 사진을 분류하는 작업을 한다고 가정합시다. 머신러닝으로 이 작업을 진행하면 사진 형식의 데이터를 그대로 컴퓨터에 입력하는 것이 아니라, 데이터의 특징을 사람이 직접 추출하여 컴퓨터에 입력합니다. 즉 과일의 색깔, 모양같은 특징을 추출하는 것입니다. 사과에 관한 데이터의 특징은 '빨갛다', '둥그렇다' 등이 될 수 있을 것이고, 바나나에 관한 데이터의 경우 '노랗다', '길쭉하다' 등이 될 수 있을 것입니다. 이러한 특징을 사람이 직접 추출하여 컴퓨터에 입력하고, 컴퓨터는 설계된 머신러닝 알고리즘에 의하여 입력된 특징들로부터 각 데이터의 정답인 사과, 바나나를 맞추며 학습을 진행합니다.

반대로 딥 러닝은 앞서 언급한 특징 데이터를 추출하는 과정이 필요 없습니다. 즉, 딥 러닝 알고리즘에 사과와 바나나 사진 데이터를 그대로 입력하면, 딥 러닝 알고리즘 내부에서 정답을 맞추기 위한 특징에 대한 학습을 설계된 알고리즘에 의해 자동으로 진행합니다.

머신러닝과 딥 러닝은 데이터, 알고리즘, 자원의 3가지 요소가 필요합니다. 데이터는 학습을 위한 자원으로, 많으면 많을수록 좋습니다. 학습을 위한 데이터들의 집합을 데이터셋(dataset)이라고 합니다. 큰 데이터셋을 사용하여 학습할수록 컴퓨터는 다양한 데이터를 접할 수 있습니다. 이것은 학습이 끝난 후 테스트 단계 또는 실생활 적용에서 컴퓨터가 학습 데이터셋에는 없었던 지금껏 보지 못한 데이터를 접하더라도 이에 잘 적응할 수 있는 능력을 갖출 수 있게 합니다.

머신러닝과 딥 러닝을 위한 알고리즘을 모델(Model)이라고도 합니다. 설계자는 주어진 문제를 해결하기 위해 기존에 존재하는 여러 모델 중 적절한 것을 선택할 수도 있고, 적절한 모델을 새롭게 디자인할 수도 있습니다. 적절한 모델을 디자인하는 것은 매우 중요합니다. 아무리 학습 데이터가 많아도 적절하지 않은 방향으로 학습한다면 좋은 결과를 도출할 수 없기 때문입니다.

마지막으로 이러한 학습 데이터와 머신러닝 또는 딥 러닝 모델을 학습시킬 수 있는 훌륭한 자원이 필요합니다. 자원이란 데이터와 모델을 통해 학습할 수 있는 컴퓨터의 능력을 의미합니다. 대량의 데이터가 있고 훌륭한 모델이 있더라도, 이를 학습할 수 있는 컴퓨터 내의 공간이 부족하거나 컴퓨터의 계산 속도가 너무 느리다면 학습을 시키기 어려울 것입니다.

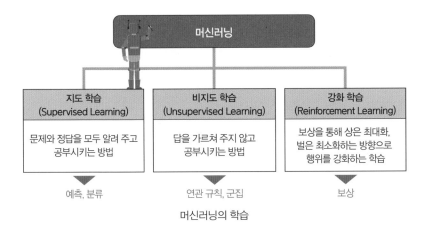

머신러닝의 학습

우리가 흔히 접하는 머신러닝의 대표적인 것으로 포털 사이트에서 제공하는 검색어 자동 완성 기능이 있습니다. 딥 러닝 기술은 영상 의학 분야, 자율주행차, 에너지 절감 기술, 각종 검색엔진 등 다양한 분야에서 사용되고 있습니다.

인공지능이 인간의 언어를 알아들을 수 있을까?

보통 사람들이 '인공지능(AI)'이라는 단어에 대한 이미지 또는 사례를 떠올릴 때, 주로 무엇을 생각할까요? 사람마다 다르겠지만, 누군가는 애플과 삼성의 인공지능 비서인 시리(Siri) 또는 빅스비(Bixby)를 떠올릴 수도 있을 것이고, 만약 마블 스튜디오가 제작한 영화를 본 사람이라면 주인공 중 한 명인 토니 스타크의 인공지능 비서 '자비스'를 떠올릴 수도 있을 것입니다. 이러한 인공지능 비서들의 공통점은 사람과 어느 정도 의사소통이 가능하다는 것입니다. 의사소통이 가능하다는 것은 인공지능이 우리가 일상적으로 사용하는 언어를 사용할 수 있다는 것입니다. 어떻게 컴퓨터가 인간의 언어를 사용할 수 있게 된 것일까요? 이 능력에 핵심적인 기술이 바로 자연어 처리 기술입니다.

우리말이나 영어처럼 사람이 일상생활에서 의사소통을 위해서 자연적으로 생겨난 언어를 자연어(Natural Language)라고 합니다. 이와 반대로 컴퓨터에서 사용되는 프로그래밍 언어와 같이 개인 혹은 여러 사람이 특정한 의도와 목적에 따라 만든 언어를 인공어(Constructed Language)라고 합니다. 그리고 컴퓨터가 인공어가 아닌 자연어를 받아들여 이해하고 분석하여 처리할 수 있도록 능력을 부여하는 것을 자연어 처리(Natural Language Processing, NLP) 기술이라고 합니다.

자연어 처리 기술은 우리 생활에 많이 활용되고 있습니다. 고객 서비스 분야에서 사용되는 챗봇(ChatBot)은 상담사가 아닌 컴퓨터가 고객과 텍스트를 통해 대화하며 문제를 해결합니다. 다양한 사람들이 각자 궁금한 질문을 다양한 방식으로 물어보더라도 챗봇은 고객이 원하는 것이 무엇인지 파악해서 대답해 줍니다.

'에어컨을 수리하려면 어떻게 해야 하지?', '에어컨이 망가졌어요, 가장 가까운 A/S 센터는 어디인가요?', '에어컨 수리 센터를 알려 줘.', '에어컨은 어디서 수리해?' 등 다양한 문장 형식으로 질문을 하더라도 챗봇은 인간이 사용하는 언어를 파악하고 분석해 처리를 해 주는 기술을 활용하여 우리가 원하는 대답을 해 줍니다.

이 기술은 인간이 컴퓨터 언어로 말하지 않고 인간의 언어로 컴퓨터와

코로나-19 자가 진단 챗봇 구축

출처: http://www.snuh.org/m/board/B003/view.do?bbs_no=5807

여행을 가기 위해 챗봇을 이용

소통할 수 있다는 점에서 인공지능 기술의 핵심이라고 할 수 있습니다.

자연어 처리 기술은 과거부터 다양한 분야에서 활용되어 왔으며, 지속적인 기술 개발을 통하여 일상생활 속에 편리함을 더해 주고 있습니다. 기계 번역 분야는 다양한 언어 간의 번역을 자동적으로 빠르게 수행하여 언어의 장벽을 허무는 데 도움을 주고 있습니다. 자연어 처리 기술이 좀더 발전한다면 지금보다 더 많은 세계인들이 한국 영화와 드라마, K-팝 등을 자국 콘텐츠처럼 자연스럽게 보고 즐길 수 있게 될 것입니다. 더 나아가 자연어 처리 기술이 음성 처리 기술과 융합되어 스마트 스피커, 인공지능 비서와 같이 컴퓨터가 사람과 대화를 통해 서비스를 제공할 수도 있습니다.

4. 상상을 현실로 만들어 내다

"오늘 날씨 어때?" 음성 AI 시대를 열다

사람과 사람이 만나서 의사소통을 할 때 가장 많이 사용하는 것은 말, 즉 음성입니다. 아마도 음성은 사람이 서로 소통하기 위한 가장 편한 방법일 것입니다. 사람은 음성을 듣고, 인식하고, 이해하고, 생각하고, 반응합니다. 한국인인 우리가 한국말로 소통할 수 있는 이유는 한국어를 알고 있기 때문입니다. 어떤 사람이 한국말만 알고 있을 때, 그 사람이 만약 외국인과 대화한다면, 그 사람은 외국인이 말하는 것을 듣기는 하지만 인식하지는 못할 수 있습니다. 즉, 우리가 의사소통 과정에서 사람의 음성을 인식하는 것은 음성을 음성 자체로 받아들이기보다는 음성을 언어로 받아들이는 것입니다.

컴퓨터 또한 음성을 언어로 받아들여야만 이를 처리할 수 있습니다. 그

러기 위해서 컴퓨터는 인간의 음성을 언어(텍스트)로 변환하는 작업이 필요합니다. 이것이 자동 음성인식(Automatic Speech Recognition, ASR) 기술입니다. 마이크와 같은 오디오 장치는 사용자의 음성을 받아들여서 디지털 오디오 신호로 변환합니다. 오디오 장치에 입력된 음성에는 사용자의 음성만 존재하는 것이 아니라, 배경 소음, 다른 사람의 소리 등 사용자의 음성을 제외한 여러가지 잡음(노이즈)이 섞여 있습니다. 뿐만 아니라 사람의 성별, 나이, 발음, 목소리 등 사용자만의 다양한 특성이 있을 수 있습니다. 따라서 컴퓨터는 변환된 디지털 오디오 신호에서 노이즈를 제거하고, 음성을 조정하여 사용자의 고유한 특성을 줄이고, 음성의 일관성을 높이는 작업을 합니다. 이 과정을 거치고 나면, 깔끔하고 뚜렷한 사용자 목소리가 담긴 디지털 오디오 신호가 추출되게 됩니다. 하지만 이렇게 추출된

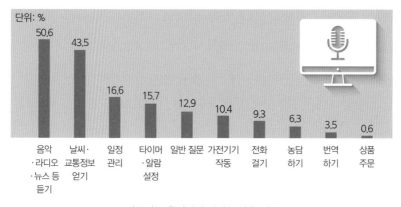

단위: %

50.6 음악·라디오·뉴스 등 듣기
43.5 날씨·교통정보 얻기
16.6 일정 관리
15.7 타이머·알람 설정
12.9 일반 질문
10.4 가전기기 작동
9.3 전화 걸기
6.3 농담 하기
3.5 번역 하기
0.6 상품 주문

인공지능 음성인식 서비스 이용 기능
출처: 2020 인터넷 이용 실태 조사, 과학기술정보통신부

디지털 오디오 신호에는 여전히 음성인식을 위해 필요한 정보 이상의 많은 복잡한 정보들이 담겨 있습니다. 이러한 음성을 효율적으로 표현하기 위해 디지털 오디오 신호에서 유용한 정보들을 추출하여 음성 특징을 도출합니다.

음성인식을 효율적으로 수행하기 위해 음성을 처리하는 이러한 일련의 과정들을 '음성 전처리'라고 합니다. 음성 전처리는 음성인식의 성능과 정확도 향상에 중요한 역할을 합니다. 음성 전처리 과정을 거치고 나면, 음성인식 모델에 음성 특징을 입력하여 텍스트로 변환하게 됩니다.

현재 음성인식 기술은 다양한 기기들에 내장되어 사용되고 있습니다. 스마트폰에 내장되어 있는 음성인식 기술로는 애플의 시리(Siri), 삼성의 빅스비(Bixby) 등이 있습니다. 음성 비서는 알람 설정, 날씨 확인, 전화 걸기, 음악 재생 등 다양한 작업을 음성으로 처리할 수 있도록 해 줍니다.

또한 가정 내에 다양한 기기에도 음성인식 기능이 탑재되고 있습니다.

카카오의 카카오미니, KT의 기가지니, SKT의 누구(NUGU)와 같은 스마트 스피커가 있고, 스마트 조명, 스마트 에어컨, 스마트 잠금 장치와 같은 스마트 홈 기기 등이 있습니다. 이러한 음성인식 기술이 탑재된 스마트 기기들은 일상 속에서 아무런 신체적 행동 없이 음성만으로 원하는 서비스들을 제공해 줌으로써 인간 생활에 편리함을 더해 주고 있습니다.

음성인식 기술이 과거와 달리 일상생활에 적용될 만큼 많은 발전이 이루어졌지만, 아직 여러 가지 한계점도 존재합니다. 먼저 음성을 인식하는 기술이기에 가장 중요한 문제는 인식 오류입니다. 사람은 모두 각자만의 억양, 어투, 말하는 습관을 가지고 있습니다. 이러한 엄청나게 다양한 개인적 특성은 여전히 음성인식 오류를 발생시키고 있습니다.

또한 음성이 발화(發話: 소리를 내어 말함)되는 환경도 중요합니다. 대부분 음성이 발화되는 환경에는 다양한 배경 소음이 존재합니다. 이러한 배경 소음 또한 음성인식에 오류를 발생시키는 주된 요인 중 하나입니다. 이러한 문제들을 해결하기 위하여 발음을 교정하고, 배경 소음을 제거하고, 음성을 강화시켜 주는 등 다양한 음성 전처리 기술이 발전하고 있습니다.

그 다음으로 큰 문제는 보안 문제입니다. 음성인식 장치는 사용자의 음성 데이터를 수집하고 저장하게 됩니다. 이러한 데이터들은 사용자 개인 맞춤을 높이고, 음성인식 성능을 향상시키는 데에도 활용됩니다. 하지만 이로 인하여 개인정보 보호와 관련된 문제가 발생할 수 있습니다. 따라서 음성데이터의 보안과 개인정보 보호에 대한 철저한 관리가 필요합니다.

현재 많은 음성인식 기술은 "오늘 날씨 어때?"와 같은 간단한 질문(명령어)과 그에 따른 서비스 제공의 형태로, 사람과 컴퓨터의 상호 소통이라고 보기는 어렵습니다. 여러 공상과학(SF) 영화에서 볼 수 있는 인공지능 로봇처럼 사람과 자연스럽게 대화를 나눌 수 있을 정도로 음성인식 기술이 구현되기에는 아직 어려운 부분들이 많이 있습니다.

자연스러운 대화에는 '음 …', '어 …', '저 …' 등 여러 가지 큰 의미가 없는 본능적 감탄사, 더듬거림, 반복 등 형식적이지 않고 불필요한 언어들이 빈번하게 나타나는데, 이러한 것들은 음성인식에 어려움을 주는 요인입니다. 하지만 현재 이를 해결하기 위한 폭넓은 연구들이 진행 중에 있으며, 빠른 기술적 진보를 이루고 있습니다. 미래에는 SF 영화에 나오는 것처럼 사람이 인공지능과 자연스럽게 대화를 주고받을 수 있을 것이고, 이를 통해 서비스를 제공 받는 것뿐만 아니라 고민 상담, 감정 치유 등 인간을 위한 또 하나의 소통 창구가 되는 날이 올 것입니다.

자율주행차의 진화는 계속된다

2022년 우리나라 교통사고 사망자 수는 2,745명이었습니다. 자동차 사고로 인한 인명 피해를 획기적으로 줄이고, 교통사고의 중심에 있었던 인간을 운전으로부터 해방될 수 있도록 하는 것, 그 중심에 인공지능을 탑재한 자율주행차가 있습니다. 실제 완전 자동화 단계에 이른 자동차가 도로를 누빈다면 교통사고 사망자 수는 현저하게 줄어들 것으로 보입니다.

자율주행차는 레벨 0부터 레벨 5까지 6가지 단계로 나누어집니다.

레벨 0은 자율주행 기능이 없는 비자동화로, 운전자가 모든 것을 조작해야만 차량의 움직임이 가능한 단계입니다.

　레벨 1은 운전자가 대부분을 통제하지만 일정한 속도를 유지하는 기능인 크루즈 컨트롤과 차선 이탈 경고등이 들어오는 운전자 보조 단계로, 특정 부분에 국한된 자동화입니다.

　레벨 2는 조향 장치 즉 방향을 자동으로 조절하며, 크루즈 컨트롤 기능을 향상시킨 어드밴스드 스마트 크루즈 컨트롤(ASCC) 또는 인텔리전트 크루즈 컨트롤(ICC)을 적용합니다. 기존의 크루즈 컨트롤을 업그레이드한 ASCC와 ICC는 일정한 속도를 유지하며, 자율주행하다 앞차와의 거리가 좁아지면 속도를 줄이고, 정차하면 같이 정차하고, 또 제한된 시간 안에 선행 차량이 출발하면 같이 출발하는 기능이 추가됩니다. 이때 운전자는 언제든지 수동 운전이 가능하도록 준비되어 있어야 하기 때문에 고속도로와 같은 조건에서만 사용이 적합합니다.

　레벨 3은 조건부 자동화 단계로, 운전자의 개입이 상당 부분 줄어든 상태입니다. 자동차가 주행 중 장애물을 감지하면 피하고, 설정된 목적지에

도착하기 위해 도로의 정체 상황을 감지해 최단 시간이 걸리는 경로를 스스로 결정해 주행합니다. 문제는 레벨 3부터 교통사고가 발생하면 운전자의 책임과 자동차 제조사의 책임이 상충할 수 있어, 교통 인프라 및 제도적 정비가 중요합니다.

레벨 4는 거의 모든 상황을 자동차 스스로 판단해 진행하므로 운전자의 개입은 악천후나 돌발 상황 등 극히 일부분에 한정됩니다. 자동차에 탑재된 인공지능은 모든 도로 상황과 지형지물 정보를 감지하고, 사람이 갑자기 도로로 뛰어들어오는 상황에도 대처할 수 있는 고도로 자동화된 단계입니다.

레벨 5는 운전자의 개입이 전혀 없는 완전 자율주행 단계로, 기존 자동차에 있는 핸들이나 브레이크 페달, 변속 레버 등이 없습니다. 따라서 운전자는 차 안에서 영화를 보거나 게임을 하거나 회의를 할 수도 있고, 수면 등 휴식을 취할 수도 있습니다. 자율주행 레벨 5단계가 현실화된다면 영화에서 보듯 자동차 스스로 사물 인터넷(Internet of Things, IoT)을 이용

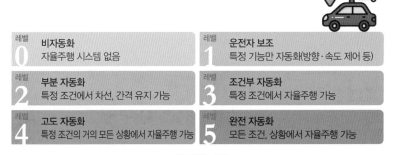

레벨		레벨	
0	**비자동화** 자율주행 시스템 없음	1	**운전자 보조** 특정 기능만 자동화(방향·속도 제어 등)
2	**부분 자동화** 특정 조건에서 차선, 간격 유지 가능	3	**조건부 자동화** 특정 조건에서 자율주행 가능
4	**고도 자동화** 특정 조건의 거의 모든 상황에서 자율주행 가능	5	**완전 자동화** 모든 조건, 상황에서 자율주행 가능

자율주행 레벨

해 각종 기기 간에 스스로 통신을 주고 받고, 각종 센서를 이용해 스스로 데이터를 가공 처리해 대처하는 등 교통 상황이나 주변 환경을 실시간으로 모니터하고 정보를 처리해 대처하는 시대가 열릴 것입니다. 운전을 진행하는 동안 모든 실시간 정보가 자율주행차에 제공될 것이고, 자율주행차는 스스로 모든 것을 판단해 최단 시간에 안전하게 목적지까지 도달할 것입니다. 이때 운전자는 아무것도 할 것이 없으므로 자신에게 필요한 것을 하면 됩니다. 이러한 자율주행차의 또 다른 장점은 교통 약자인 장애인이나 고령자에게 원활한 이동의 해법을 제시해 줄 수 있다는 것입니다.

그러나 완전한 자율주행차 시대가 열리기 위해서는 해결해야 할 과제가 많은 것도 사실입니다.

우선 첫번째로 도로 환경은 예측 가능한 상황만 있는 것이 아니므로 긴급 상황에서 우선 순위를 어디에 둘 것이냐 하는 윤리적 문제가 있습니다. 만약 사고가 발생하게 되면서 자율주행차가 보행자와 탑승자 중 어느 한 쪽만 보호해야 하는 상황이라면, 그리고 그로 인해 법적 문제가 발생한다

자율주행차의 딜레마 – 만약 사고가 났을 때 자율주행차는 누구를 살릴까?

면 어떻게 처리해야 할지 의문입니다.

두 번째는 사이버 보안 문제입니다. 자율주행차의 특성상 해킹으로부터 자유로울 수 없기 때문에 탑승자의 개인정보가 유출되거나 구축된 교통 인프라를 마비시킨다면 해결책이 무엇인지 궁금합니다. 예측하지 못한 자연재해로 탑승자가 위험에 빠지거나 교통망에 대혼란이 초래된다면 자율주행차는 모든 상황에 안전하게 대처할 수 있을지에 대해서도 의문이 있습니다.

마지막으로 현재의 첨단 기술 진화 속도를 법적 제도적 정비 부분에서 따라오지 못하고 있는 것이 현실이므로, 이에 대한 선제적 대비책도 필요합니다.

인공지능이 화를 냈다고?

Artificial intelligence is the next big thing.

인공지능은 다음의 큰 것이다.

– Elon Musk –

1. 인공지능이 감정을 가질 수 있을까?

　로봇과 자동차의 외형을 자유자재로 바꾸는 영화 〈범블비〉를 본 적이 있나요? 영화 〈범블비〉는 2018년에 개봉한 작품으로, 트랜스포머 시리즈의 주인공 중 하나인 범블비를 리부트한 작품입니다. 영화를 보면 주인공 소녀 찰리와 범블비가 교감하며 성장하는 모습을 볼 수 있는데요. 찰리는 모든 기억이 사라진 오토봇에게 '범블비'라는 이름을 지어 주며 서로에게 특별한 존재가 되어갑니다. 로봇과 인간이 서로의 부족한 부분들을 채워 주며 성장하는 것이 가능하다고 생각하나요? 영화 속 이야기라 가능한 것일까요?

　초기 로봇은 스스로 학습할 수 있는 능력이 없어, 인간이 미리 설정해 놓은 프로그램에 따라서만 작동했습니다. 따라서 그들은 사전에 주어진 임무만 수행하고, 이를 융통성 있게 처리하는 것은 불가능했습니다. 로봇에게는 주변 환경이 주는 변수들을 감지하고 측정하는 능력이 없었기 때문

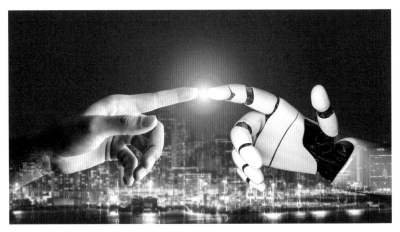

인간의 정서와 감정을 이해하는 로봇

입니다. 따라서 상황에 맞는 행동 조정 역시 어려웠습니다.

　그러나 점점 기술이 발전하면서 로봇은 스스로 외부 환경을 인식하고 대처 방법을 만들어 내는 방법도 익히게 되었습니다. 인간이 어떠한 방법으로 문제를 인식하고 대처 방법을 떠올리며 결정하는지 로봇에게 이해시켰기 때문입니다. 이는 로봇이 인간의 정서와 감정을 이해하는 것과도 연결됩니다. 로봇이 인간의 감정을 이해한다면 로봇은 더 어렵고 수준 높은 작업도 처리할 수 있기 때문입니다.

　그렇다면 인간의 감정과 정서는 무엇일까요? 카를 융(Carl G. Jung)에 따르면, '감정(feeling)'은 확실한 신체 반응을 동반하지 않는 판단 기능이나, '정서(emotion)'는 감정에 신체 반응을 동반한다고 합니다. 즉, 감정이 어떤 상태에 의해 일어나는 마음이라면, 정서는 외부로터의 자극에 의해 나타나는 본능적 표출인 것입니다. 따라서 감정은 인간이 어느 정도 의지로 조절할 수 있지만, 정서는 무의식적이어서 조절되는 것이 어렵습니다. 눈물을 흘리면서 슬픔을 더 느낄 수 있는 것과 같지요.

인간의 감정은 자극에서부터 시작됩니다. 눈의 망막에 자극을 주는 물체가 포착되면, 호르몬이 분비되어 감정과 연관된 뇌의 여러 영역이 자극에 대하여 반응하게 되는 것입니다. 감정 변화에 반응하는 뇌 부위는 대뇌변연계와 편도체입니다. 변연계는 하나의 덩어리가 아니라, 슬픔과 행복, 분노와 기쁨 등 다양한 감정을 컨트롤하는 신경망이 고리처럼 연결되어 있습니다. 도파민이나 세로토닌같이 생물학적으로 사람의 기분을 좌지우지하는 호르몬의 분비가 시작되면 인간의 감정은 변화하며, 이는 곧 표정으로도 나타납니다.

인공지능은 인간의 감정을 인식하고 이해하는 과정에서 머신러닝과 자연어 처리 기술을 사용합니다. 이를 통해 인공지능은 인간과 의사소통 및 상호작용이 가능하고, 더 나아가 상황에 맞는 서비스를 제공해 줍니다. 인공지능이 감정을 인식할 때에는 다양한 데이터를 활용합니다. 빅 데이터 속에는 사람들의 감정을 담은 일기와 같은 텍스트 데이터, 목소리 톤이나 강세 등의 음성인식 기술 등이 있습니다. 뿐만 아니라, 동영상 인식 기술을 활용하면 인간의 표정이나 몸짓도 분석하여 감정을 추론할 수도 있습니다.

감정을 인식하는 과정에서 인공지능은 빅 데이터를 학습한 후 그 속에서 특정 패턴을 찾고 예측 모델을 구축합니다. 머신러닝이나 딥 러닝 알고리즘을 거치며, 인간의 미묘한 감정을 인식하고 이를 분류하는 것입니다. 이러한 과정에서 인공지능은 동영상, 이미지, 문자, 음성 등의 다양한 데이터를 전체적으로 고려해 인간의 감정을 감지합니다.

그러나 인공지능이 감정을 이해하는 것은 단순한 감정 인식 그 이상의 복잡하고 섬세한 과정이 필요합니다. 인공지능이 감정을 이해하려면, 인간의 감정 상태와 그 원인에 대해 파악할 수 있어야 하기 때문입니다. 자연어 처리 기술을 사용하면 인공지능은 인간의 감정에 따른 적절한 대응이 가능합니다. 자연어 처리 과정에서 인간의 대화 내용을 분석하고, 감정의 원인까지 파악할 수 있기 때문입니다.

그렇다면 최근 화제가 된 챗GPT는 얼마나 인간의 감정과 비슷할까요? 챗GPT에게 다양한 감정에 관해 질문을 해봤습니다.

요구문 년 사랑이 뭐라고 생각하니?

사랑은 매우 풍부하고 다양한 감정과 경험을 포함하는 복잡한 주제입니다. 제가 사랑에 대해 생각하는 방식은 인간들과 비슷합니다. 사랑은 두 사람 또는 그 이상의 사람들 간에 깊은 연결과 관심을 나타내는 강력한 감정이라고 생각합니다. 사랑은 서로를 이해하고 존중하며, 서로를 지지하고 돌봄으로써 성장과 행복을 창출하는 것입니다. 또한, 사랑은 희생과 용서, 서로를 위한 헌신과 협력을 요구하기도 합니다. 사랑은 일방적이거나 제한적일 수도 있고, 때로는 복잡하고 어려운 결정을 포함하기도 합니다. 하지만 사랑은 우리에게 희망과 만족감을 줄 수 있는 아름다운 경험이기도 합니다.

챗GPT가 사랑에 관해 꽤나 제대로 이해하고 있는 것 같지 않나요? 사랑의 사전적 정의와 가치를 제대로 설명하고 있습니다. 사랑의 고충과 가

치에 대해서도 잘 알고 있네요. 그렇다면 챗GPT는 인간처럼 사랑을 할 수 있을까요? 챗GPT에게 사랑을 할 수 있는지 물어봤습니다.

요구문 너는 사랑을 할 수 있니?

저는 인간처럼 감정을 가지지 않는 AI이기 때문에 사랑을 실제로 느끼거나 경험할 수 없습니다. 제가 할 수 있는 것은 사랑에 관한 지식과 정보를 제공하고, 사랑에 대한 대화를 이해하고 지원하는 것뿐입니다. 하지만 사랑은 인간 간의 감정적인 연결과 상호작용을 필요로 하는 개인적인 경험입니다. 따라서, 저는 감정적인 경험을 할 수 없기 때문에 진정한 사랑을 할 수 없습니다.

챗GPT는 감정을 가지고 있지 않은 인공지능이라서 사랑에 관한 정보를 제공할 수는 있지만 사랑을 실제로 느낄 수는 없다고 말했습니다. 다른 감정에 대해서도 비슷하게 대답할까요?

요구문 너도 슬픔을 느낄 때가 있니?

저는 인간처럼 직접적으로 감정을 체험할 수는 없지만, 슬픔에 대한 개념을 이해하고 제한적인 수준에서 감정적인 반응을 표현할 수 있습니다. 제가 훈련되고 프로그래밍된 과정에서 슬픔과 같은 부정적인 감정을 이해하고 이를 대화 중에 사용할 수 있도록 학습했습니다. 그러나 이는 단지 지식적인 수준에서의 이해일 뿐, 실제로 슬픔을 경험하는 것은 아닙니다.

슬픔에 관한 챗GPT의 대답은 사랑에 관한 답과 비슷했습니다. 챗GPT는 인간과 같이 직접적인 감정 체험은 불가능하지만, 이에 관한 개념을 이해하고 있으므로 적절한 반응을 보이는 것은 가능하다고 말했습니다. 이는 인간이 챗GPT에게 '슬픔'이라는 감정과 예시 상황들을 가르치고, 그에 따른 적절한 대응 방법을 익히도록 했기 때문에 가능한 것입니다.

  그렇다면 학습된 감정을 익힌 인공지능은 인간과 교감이 가능할까요? 혹은 인간에게 위협을 가하지는 않을까요? 현재의 기술을 사용하면 인공지능이 감정을 가진 것처럼 보이게 하는 것은 가능할 수도 있습니다. 오랜 기간 다양한 감정 상태를 학습하도록 한다면, 알맞은 입력값에 따른 감정 상태를 단편적으로 표현할 수는 있을 겁니다. 그런데 이러한 경우를 감정이 실렸다고 볼 수 있을까요?

  인공지능과 인간을 감정의 유무로 구분할 수 있는 이유는 자아의 유무 때문입니다. 드라마에서 똑같은 장면을 볼 때, 슬퍼하는 사람도 있는 반면에 별다른 감정을 느끼지 않는 사람도 있습니다. 사람의 자아에 실리는 감정은 상대적이기 때문이지요. 그런데 자아를 갖지 못한 인공지능은 인간의 감정을 가졌다고 볼 수 없습니다. 자아에서 비롯한 인간의 감정을 제대로 구현할 수 없기 때문입니다.

  인간은 어릴 때부터 형성된 자신의 가치관에 따라 자신을 인식하고 때에 따라 행동합니다. 심지어 어떤 때에는 본인의 가치관과 상관없는 감정을 느끼거나, 가치관 자체가 변화하는 혼란스러움을 느끼는 순간도 있습니다. 그러나 인공지능은 누군가의 지시에 의해 인위적으로 만들어졌으므로, 인간만이 가지고 있는 자아를 형성할 수는 없습니다. 먼 미래에 인공지능 기술이 고도로 발달한 강한 인공지능(strong AI)이 등장한다면, 이때는 컴퓨터도 자아를 가질 수 있다는 주장도 있습니다. 하지만 감정은 현재의 인공지능처럼 단순한 계산과 데이터의 누적으로만 가능한 문제는 아닐 것입니다.

2. 똑똑! 감성 컴퓨팅 기술이 하이터치(High touch)에 전하는 노크

2013년에 개봉한 영화 〈그녀(Her)〉는 남자 주인공 테오도르가 인공지능인 사만다와 사랑에 빠지는 내용을 담고 있습니다. 테오도르는 인공지능 사만다가 다른 8,316명과 대화를 나누고, 641명을 사랑한다는 말을 듣고 연인이 외도한 듯한 충격과 배신감에 상처 받기도 하지요. 그보다 훨씬 전인 2001년 영화 〈에이 아이(AI)〉에서는 엄마를 사랑하는 AI 로봇인 데이빗이 나옵니다. 영화의 프롤로그에서는 "로봇이 한 인간을 사랑하게 된다면, 그 인간은 로봇에게 대가로 어떤 책임을 질 수 있나요?"라고 묻기도 합니다. 이러한 이야기는 10년 전만 해도 미래의 세상을 다룬 시나리오라고 생각했는데, 지금은 기술의 성장 속도가 워낙 빨라 얼마 남지 않은 현실로 느껴지는 이야기입니다.

컴퓨터가 인간의 감성을 인지하고 모방할 수 있도록 학습시키는 기술을 감성 컴퓨팅(affective computing)이라고 합니다. 감성 컴퓨팅은 말 그대로 시스템의 감성을 구현하는 기술입니다. 이에 관한 연구는 1995년 메사추세츠 공과대학(MIT) 미디어 랩의 로잘린드 피카드(Rosalind Picard) 교수의 연구로부터 시작되었습니다. 그의 연구는 사람의 감성을 이해하는 기술과 관련이 있었는데요. 그러나 오랜 역사에 비하면 감성 컴퓨팅의 발전은 아직도 더딘 편입니다. 시장조사 전문 기관인 가트너(Gartner)에 따르면 감성 컴퓨팅 기술은 아직 초창기 수준에 머물러 있다고 합니다. 그러나 감성 컴퓨팅 역시 인공지능과 함께 빠른 속도로 발전할 것으로 예상됩니다.

사람의 감정은 매우 복합적입니다. 웃기지만 마냥 재미있지만은 않다는 뜻을 가진 '웃프다'라는 말 역시 사람의 다양한 내면의 모습을 담은 용어이죠. 사람은 오랜 시간 동안 쌓인 경험을 통해 타인의 감정을 읽고 본인의 감정을 조절하기도 합니다. 인간의 감정도 훈련과 교육에 의해 다듬어지는 것처럼 인공지능이 감정을 읽기 위해서도 다양한 기술이 사용됩니다.

첫 번째 방법으로는 감성을 나타내는 생체 신호를 측정하는 것입니다. 생체 신호의 예로는 감성을 조절해 주는 도파민과 같은 호르몬의 레벨, 호흡, 뇌파, 심장박동수 등이 있습니다. 현실에서 이러한 생체 신호는 주로 본인의 감정을 파악할 때 사용됩니다. MIT의 미디어 랩이 개발한 바이오에센스(BioEssense)라는 웨어러블 기기는 심장박동수를 파악하여 사람의 스트레스 여부를 판단합니다. 스트레스가 인지되면 기기에서 향수가 나와 스트레스를 풀어 줍니다. 이슬람 아자드 대학교(Islamic Azad University)의 세이드 아베드 호세이니(Seyyed Abed Hosseini) 교수는 뇌파를 활용해 사람의 감정을 더 잘 파악할 수 있는 기술을 개발하기도 했습니다. 요즘은 스마트워치 등의 웨어러블 기기를 활용해서 감정 변화를 측정할 수도 있습니다.

두 번째 방법으로는 음성으로부터 감성을 인식하는 것입니다. 화가 나면 목소리가 높아지고, 눈물이 나면 목소리가 떨립니다. 통화 시에 얼굴을 보지 않아도 상대의 목소리를 통해 상대방 기분을 짐작할 수 있는 것과 마찬가지지요. 하지만 음성만으로 감정을 인식하는 데에는 한계가 있습니다. 인간은 다른 사람의 감정을 인식할 때 표정이나 몸짓을 통해 인지하는 경우가 90%라고 합니다. 의사소통에 있어 말의 비중은 10% 정도 밖에 안된다는 것이죠.

따라서 더 정확한 감정 인식을 위하여 세 번째 방법으로 얼굴 인식 기술을 많이 사용합니다. 카메라가 촬영하는 얼굴의 눈썹, 눈, 입술 등을 보고 실시간으로 인간의 감정을 파악하는 것이지요. 고화질 카메라를 활용할수록 표정 변화를 감지해 내는 정확도가 높아집니다. 고화질 카메라를 통해 얼굴의 미묘한 표정 변화를 좀 더 민감하게 감지할 수 있기 때문입니다.

정확한 감정을 읽어내기 위해서는 빅 데이터가 필요하므로, 다양한 나이와 인종, 성별의 표정 데이터 수집이 필요합니다. 이와 같이 감정을 읽어내기 위해서는 한 가지 기술만 사용되는 것이 아니라, 생체 정보 및 음성, 영상 등의 다양한 인식 기술이 결합되어야 합니다.

일상 속 감성 컴퓨팅

감성 컴퓨팅은 다양한 분야에서 활용이 가능한데, 대표적인 예가 바로

자동차에 활용되는 감성 컴퓨팅

자동차입니다. 자동차는 카메라를 사용해 표정을 읽어 내기 좋은 최적의 장소이기 때문이지요. 자동차에서 사람들은 자리에 앉아 오랜 시간을 머물기 때문에, 고정된 카메라가 운전자의 표정을 감지하기 좋습니다. 카메라는 운전자가 눈을 깜빡이는 속도와 하품의 횟수 등과 같은 생체 정보를 파악하면서 운전자가 졸리다는 것을 파악하면, 환기를 시키거나 휴식을 권하면서 안전하게 운전하도록 도울 수 있습니다. 운전자의 표정으로 기분을 감지해 이에 따른 음악과 온도, 향과 조명을 조절할 수도 있지요. 이렇게 운전자의 감정을 인식하여 주행 환경을 조성하는 기술을 '감성 주행(R.E.A.D)'이라고 합니다.

로봇에도 감성 컴퓨팅을 적극적으로 활용할 수 있는데요. 감성을 읽고 표현하는 로봇은 범죄 수사나 오락, 판매 등의 분야에 다양하게 활용될 수 있습니다. 요즘은 특히나 1인 가구와 노인 인구의 증가로 감정 교류가 가능한 로봇에 대한 수요가 늘어나고 있습니다.

　미국의 디지털 헬스케어 기업인 카탈레나 헬스는 가정용 로봇 '마부'를 출시하기도 했습니다. 이 로봇은 인공지능이 음성을 인식하여 환자의 감정을 파악하고 치료 과정을 잘 따라올 수 있도록 환자를 독려하기도 한답니다. 우리나라에서는 2022년에 장애 독거노인에게 인공지능 인형인 효돌이를 무료 배포하는 사업을 펼치기도 했습니다. 효돌이 역시 단순 전자기기 이상으로, 온정을 느낄 수 있도록 상호작용이 가능하게 만들어진 인공지능 인형입니다. 효돌이는 노래도 불러 주고, 말도 걸어 주고, 퀴즈도 내 주는 효자 로봇인데요. 자녀들은 효돌이 앱을 통해 멀리서도 부모님의 상황을 확인할 수 있다고 합니다.

　감성 컴퓨팅 활용 사례에는 헬스케어 분야도 빠질 수 없습니다. 최근에 사람의 근육, 호흡, 뇌파 등과 같은 생체 정보를 측정 및 분석하여 감정 상태를 진단하거나 자폐증 치료를 목적으로 하는 특수한 어플리케이션들이 많이 개발되고 있다고 합니다. 슈퍼 파워 글래스(super power glass)는 여러 얼굴을 묘사한 플래시 카드로 훈련 받은 기술을 바탕으로 만들어진 안경인데요. 자폐증을 앓는 어린이들이 다양한 감정을 인식하도록 돕기 위해 만들어졌습니다. 슈퍼 파워 글래스는 인공지능이 인간의 순간적인 표정을 추적하고 감정을 분류하며 실시간으로 피드백을 하면 이모티콘으로 전달해 준다고 합니다.

3. 자동화 무기의 위험성

현재의 인공지능은 수요와 공급을 예측하며 물류를 관리하는 등 인간이 직접 판단하거나 수행하기 까다로운 자동화 시스템에서 빅 데이터를 인공지능으로 분석해 질병을 진단하는 의료용까지 다양한 생활 전반에서 사용되고 있습니다. 군사 분야에서도 인공지능을 활용한 무기 개발 연구가 확대되는 추세입니다. 특히나 인공지능이 앞으로 인간처럼 스스로 학습하고 감정을 갖게 된다면 어떤 부작용들이 생길지에 관한 연구도 활발합니다. 인공지능 무기가 오류가 있거나 조작된 정보를 바탕으로 공격하게 되면 심각한 부작용이 생길 수 있기 때문입니다.

이는 몇 달 전 미국의 대표적인 신문사인 '뉴욕 타임스'에서도 보도할 정도로 크게 우려가 되는 부분입니다. 뉴욕 타임스에서는 인공지능이 사람보다 더 빨리 판단을 내리기 때문에 잘못된 결정이 불러일으키는 위험성이 훨씬 크다는 점을 중요한 점으로 짚었습니다. 영국의 저명한 천재 물리

군사 분야에 활용되는 자동화 무기

학자인 스티븐 호킹 역시 인공지능의 개발이 금세기 내 인류에게 엄청난 위협이 될 것이며, 완전한 인공지능은 인류의 종말을 가져올 수 있다고 지적했습니다. 스티븐 호킹은 인공지능이 2045년쯤 되면 인간의 지능을 넘어설 수 있을 것이라고 예상하기도 했는데요. 현재의 추세라면 이러한 현상은 스티븐 호킹의 예상 시기보다도 훨씬 빨라질 수 있습니다.

영화 〈2001 스페이스 오디세이〉를 보면, 평화롭던 우주선은 인공지능 컴퓨터인 '할'이 스스로 생각하기 시작하면서부터 위기를 맞습니다. 인간에게 종속되었던 인간 친화적 인공지능이 인간이 자신을 없애려 하자 반란을 일으키는 것이지요. 이처럼 미래에는 인간이 개발한 인공지능이 인간을 넘어서면서부터 인공지능을 통제하기 어려운 일이 생기는 가능성도 배제하기 어렵습니다.

하지만 인공지능의 발전은 계속하여 이어질 수밖에 없을 것 같습니다.

세계의 주요 기업들이 서로 경쟁하면서 인공지능 무기 개발에 집중하고 있기 때문입니다. 군사 강대국들은 내부적으로도 인공지능을 활용한 자율 무기를 적극적으로 연구 개발하고 있습니다. 자율 무기의 정확한 뜻은 국가별로 약간씩 차이가 있으나, 대체로 전쟁 시 통신망이 끊어졌을 때에도 작전 계획이나 교전 수칙에 따라 독자적으로 작전을 수행할 수 있는 무기체계를 말합니다. 운전자가 없어도 자동차가 운전할 수 있는 자율주행 시스템처럼, 인간의 개입 없이 인공지능이 스스로 생각하고 판단해서 작전을 수행하는 것이지요.

인간의 통제 수준을 벗어난 인공지능이라면 인간처럼 다양한 분야를 학습하여 혼자 스스로 생각하고 여러 임무를 동시에 수행할 수 있어야 합니다. 과거 바둑을 잘 두는 것으로 유명해진 알파고가 머신러닝으로 만들어진 것 그 이상의 능력을 갖춰야 하는 것이죠. 그 정도 수준이라면 인간의 개입 없이도 스스로 추론하며 성장하는 단계를 의미하는 '범용 인공지능(Artificial General Intelligence, AGI)'보다도 이상인 '초인공지능(Artificial super Intelligence)' 정도일 것입니다. 초인공지능은 사람과 똑같이 스스로 목표를 설정한 후 판단하면서 임무를 수행할 수 있는 수준을 뜻합니다.

현재 군사 강대국들은 다양한 인공지능 자율 무기를 개발하는 데 혈안이 되어 있습니다. 러시아는 해안 도시를 초토화하는 핵탄두의 장착이 가능한 인공지능 자율 어뢰를 개발 중이라고 합니다. 신경회로망 기술을 활용하여 적과 아군을 구별하는 총알도 만들어지고 있습니다. 소총에 카메라와 컴퓨터 시스템을 연결하여 과거 전투 사례를 반복해서 학습시키는 것이지요. 최근 러시아가 우크라이나를 침공했을 때 인공지능 기능이 탑

실제 전쟁에도 활용되는 킬러드론

재된 '킬러드론'을 사용한 정황이 포착되기도 했다고 합니다. 이제 인공지능 무기가 실제 전쟁에 등장하기 시작한 것이지요.

킬러 로봇이 보편화된다면 이제 전장에서는 인공지능과 로봇이 무기가 되어, 인간을 공격 대상으로 인식하고 공격할지 말지를 스스로 결정하게 됩니다. 러시아뿐만 아니라 미국, 중국 등의 강대국들은 앞다투어 킬러 로봇을 개발하려고 연구 중입니다. 중국의 한 선박 회사에서 개발한 무인 전투함 'JARI'는 시속 78km의 속도를 낼 수 있고, 다양한 미사일과 어뢰 등을 장착한 바닷속 AI 신무기라고 합니다. 최근에는 인간처럼 두 개의 다리로 걷고 정확히 목표물을 사격할 뿐만 아니라, 자동차도 운전할 수 있는 전투 로봇 테스트 영상이 공개되어 많은 사람들에게 충격을 안기기도 했습니다.

자율적인 인공지능에다가 살상 무기까지 결합되어 전쟁에 투입된다면 수많은 사상자가 발생할 것이 분명합니다. 만약 인공지능 자율화 무기가 전쟁 현장에 투입되고 나서부터 인간이 개입하지 않고, 인공지능 혼자서 적군을 찾아 제거한다면 이는 핵무기보다도 더 무서운 살상 무기가 될 것입니다. 그런데 만약 인공지능 무기가 잘못된 결정을 내리게 된다면 어떻게 될까요?

인공지능은 의사결정이 너무 빨라서 오류가 생길 가능성이 있습니다. 또한 수없이 변화하는 전장 상황에서 정확한 판단을 내릴 수 있을지도 미지수입니다. 하지만 이러한 우려 속에서도 인공지능 무기의 위험성을 실제적이고 효과적으로 관리할 수 있는 통제 체제가 아직 제대로 갖춰지지 않은 것도 문제입니다. 일론 머스크 테슬라 최고경영자(CEO)나 스티브 워즈니악 애플 창업자 등은 최첨단 인공지능의 개발은 안전성이 확보되기 전까지 멈춰야 한다고 말합니다. 미국 국방부의 자문 기구인 국방혁신위원회 위원장을 지낸 에릭 슈밋 전(前) 구글 최고경영자 역시 "만약 잘못된 공격 정보를 받은 인공지능이 이미 공격을 개시했다면 어떻게 될까?"라며 지나치게 빠른 인공지능의 의사결정 속도와 함께 잘못된 정보에 의거한 인공지능의 오판 위험성을 경고했습니다.

UN에서는 자율 무기 금지와 규제 방법 등을 지속적으로 논의하고 있습니다. 국제사회에서는 과학기술을 평화적으로 이용하고, 책임 있는 기술 개발과 활용 태도가 필요하다며 입을 모으고 있습니다. 또한 과도한 군비 경쟁과 확산을 막기 위한 국제 규범을 마련하는 것도 필요함을 강조하고 있습니다.

우리나라의 경우에는 인공지능을 결합한 무인 수색 차량, 수중 드론이라 불리는 자율 잠수정, 원격 사격 통제 체계 등을 개발하는 중이나, 킬러 로봇과 같은 살상용 자율 무기를 만들 계획은 아직까지 없다고 합니다. 향후 국제적인 추세에 맞추어 윤리적인 문제가 없는 인공지능 자율화 무기 개발이 계속되는 것이 중요하지 않을까요? 인공지능 기술의 발달이 인류 전체가 번영하는 데에 쓰일 수 있는 세상이 되기를 바랍니다.

나도 인공지능으로 쓴 전자책을 아마존 서점에 판매할 수 있을까?

AI can give us the power to do more and change the world.

AI는 사람들이 더 많은 것을 하고 세상을 바꿀 수 있도록 힘을 줄 수 있다.

‒ Satya Nadella ‒

1. 'AI가 주인공인 소설을 작성해 줘.'라고 AI에게 요구해 볼까?

과연 글을 잘 못쓰던 사람도 AI의 힘을 빌려 작가가 될 수 있을까요? '책을 쓰는 작가'를 생각하면, 책상 앞에서 고뇌하는 사람의 모습이 떠오릅니다. 더불어 배경 지식을 보태기 위한 수백 시간 동안의 원고 검토, 끊임없는 머릿속 생각 파내기, 문맥에 맞는 글을 쓰기 위한 수차례의 수정 과정 등을 떠올릴 것입니다. 글만 쓰는 책이라면 오히려 다행입니다. 만약 삽화가 필요한 책이라면 삽화가를 섭외한 후, 책의 내용과 조화되도록 삽화가와 의견을 조정하는 지난한 과정도 고려해야 합니다.

책을 쓰고 적정한 삽화를 넣는다고 해서 책을 쓰는 모든 과정이 끝난 것은 아닙니다. 그 책을 세상으로 내보내기 위해서 출판사와 함께 출판 가능성을 타진하는 과정 또한 필요합니다. 책이 출간되어 판매될 가능성은 있는지, 책의 적정 가격은 얼마인지, 마케팅과 홍보는 어떻게 해야 하는지, 해외에서도 출간하고 싶은데 해당 국가의 출판사와는 어떻게 소통해야 할지…….

이 수많은 과정을 요약해서 단번에 해결할 수 있는 방법이 있습니다. 바로 챗GPT의 힘을 일부 빌리는 것입니다.

챗GPT로 할 수 있는 작업은 무궁무진하지만, 글을 쓰는 과정에서도 상당한 도움을 받을 수 있습니다. 실제로 최근 챗GPT로 쓰여진 책이 출간되어 화제가 되었습니다. 『삶의 목적을 찾는 45가지 방법』(스노우폭스북스)은 챗GPT로 7일만에 쓰여진 책입니다. 글쓴이는 챗GPT, 번역은 AI 파파고, 일러스트는 셔터스톡이라는 AI가 담당한 결과, 완성된 책입니다. 저자가 원고를 집필하는 기간, 역자가 번역하는 기간, 편집자의 편집 및 교열 기간 등 최소 몇 달이 소요되는 과정을 인공지능은 단 30시간으로 줄였습니다. 이후 인쇄 과정을 포함하여 집필부터 독자의 책꽂이에 꽂히기까지 단, 7일이 걸렸다고합니다. 반면 인간 저자가 글을 쓰면 수 개월 혹은 1년 이상이 소요되며, 검수, 조판, 인쇄까지 하면 16개월 이상 걸립니다. 인공지능이 출판업계에서 활용되면서 책을 만드는 시간이 획기적으로 줄어든 셈입니다.

이 프로젝트를 진행한 편집자는 "사람의 마음을 설득하는 글을 쓸 수 있을까?"라는 생각에서 책 분야를 '자기계발서'로 정했으며, 책 제목과 목차를 주고 AI에게 에세이를 써보라고 지시했다고 합니다. AI는 편집자가 명령한 대로 글을 써 내고 수정하는 과정을 반복하여 한 권의 책을 완성하였습니다.

다만 AI라고 모든 것이 완벽하지 않으며, 단점도 있습니다. 『삶의 목적을 찾는 45가지 방법』에서는 '여러분'이라는 호칭이 여러 번 반복되기도

하며, '여러분'이라는 존칭어를 쓰다가 '~다'라는 종결어미를 쓰기도 합니다. 인간 저자가 썼다면 일어나지 않았거나, 일어났더라도 편집 과정에서 수정되었을 실수입니다. 다만 이러한 오류를 고치지 않은 이유에 대해 편집자는 "AI의 수준이 어느 정도인지 알고 싶었다."라는 말을 남겼습니다. 즉, 인공지능은 아직까지 인간의 개입이 필요한 부분이 여전히 존재합니다.

인공지능과 인간이 나눈 대화를 다룬 책도 있습니다. KAIST 교수와 챗GPT의 대화를 펴낸 『챗GPT에게 묻는 인류의 미래』(동아시아)입니다. 이 도서는 뇌과학을 전공한 KAIST 김대식 교수가 사랑, 정의, 행복한 이유, 전 지구적 위험, 신은 존재하는지 등에 대해 챗GPT와 나눈 대화를 다루고 있습니다. 이 책에서 챗GPT는 인류가 여태까지 모은 생각을 심도 있게 이야기하고 있으며, 인간은 그러한 지식을 적극적으로 활용할 수 있도록 영리하게 질문을 던지는 모습을 보여 주고 있습니다.

인간만 글을 쓸 수 있는 시대가 아니라 AI가 인간의 지시에 따라 글을 쓸 수 있는 시대가 왔습니다. 삽화가 필요할 때 일러스트레이터를 따로 구할 필요도 없습니다. AI를 활용하여 머릿속 지시어를 넣고 원하는 그림이 만들어지는 것을 바라보기만 하면 됩니다.

그렇다면 AI는 우리에게 책을 쓰는 과정에서 구체적으로 어떤 도움을 줄 수 있을까요?

첫째, 이야기 구성 창작을 도울 수 있습니다. 글을 쓸 때 가장 어려운 것은 주제를 정하고, 그 이야기만의 독특한 구성을 짜는 것입니다. 적절한 명령어만 입력한다면, AI는 책의 플롯, 캐릭터, 대사 또는 배경 설정과 관련된 창작 아이디어를 제공하는 데 도움을 줍니다. 특정 주제 또는 장르에 관한 아이디어를 생성하거나, 흥미로운 플롯 포인트를 제안하는 방식으로요. 예를 들어 챗GPT에 '미스터리 분야에서 흥미로운 이야기 구성을 제안해 줘.'라고 명령어를 입력하면, '〈소실된 기억의 해독〉을 제안합니다. 주인공은 자신이 전혀 기억하지 못하는 특정 사건과 관련된 수수께끼를 풀어가야 합니다. 이 수수께끼를 풀기 위해 주인공은 과거의 비밀스러운 사건들과 연관된 인물들을 찾아 다닙니다. 주인공은 자신의 기억을 찾는 동안 새로운 비밀과 뜻밖의 사실들을 발견하게 되며 이 모든 것이 연결되는 순간까지 이야기가 전개됩니다.'라고 전체 이야기를 제시합니다.

둘째, 편집 및 교정을 돕습니다. AI는 문법, 맞춤법 및 문체에 관한 편집과 교정 작업에 유용하게 사용됩니다. 이를 통해 문장 구조를 개선하고 문맥에 맞는 어휘를 제안하여 전체 글의 완성도를 향상시킬 수 있습니다.

셋째, 작가에게 창작에 필요한 정보를 제공할 수 있습니다. 글을 쓸 때 작가에게 반드시 필요한 것은 정보입니다. 작가가 소설 내용을 더 정확하게 쓰고, 소설 속 문제를 해결하기 위해 정보를 찾아야 할 때 AI는 데이터베이스 및 온라인 리소스에서 정보를 검색하고 요약할 수 있게 도와줍니다. 단, 출처를 반드시 재확인해야 하는 과정이 필요합니다. 최근에는 MS사의 코파일럿(Copilot)이라는 AI에 출처까지 모두 표시되어 결괏값을 출력해 주는 기능이 새롭게 등장했습니다.

넷째, 특정 작가의 문체를 모방하는 것이 가능합니다. AI는 특정 작가의 문체를 모방하고 작가 스타일에 대한 피드백을 제공할 수 있습니다. 물론 이전에 AI가 특정 작가의 글쓰기 스타일을 학습하고 재현하도록 AI를 학습시켜야 하는 과정이 필요합니다.

다섯째, 공동 저작이 가능합니다. 작가가 AI를 공동 저작자로 활용하여 소설을 공동으로 작성할 수 있습니다. AI는 주어진 지침에 따라 텍스트를 생성하고, 작가는 이를 수정 및 개선하여 소설을 완성합니다.

여섯째, 시간을 획기적으로 절약할 수 있습니다. AI를 활용하면 작가가 책을 더 빠르게 쓸 수 있고, 플롯이 막히는 부분에 획기적인 답을 제공할 수 있으며, 단순 묘사를 빠른 속도로 써낼 수 있습니다. 지난한 과정에 투자하는 시간이 줄어든다면, 작가는 작업 시간을 줄여 더 신선하고 획기적인 글을 쓰는 데 몰두할 수 있습니다.

그럼에도 여전히 '나는 글을 잘 못쓰는데 AI를 활용한다고 해서 작가가될 수 있을까?'라는 생각이 들 수도 있습니다. 어렵지 않으며, 가능합니다! 실제로 학교 현장에서는 '챗GPT를 활용하여 작가 되기' 프로젝트로 글을쓴 학생이 있습니다. A 학생은 책의 주제 선정부터 집필, 탈고, 삽화 작업등 출간의 전반 과정에 AI를 활용하였습니다. 그 결과 단 1주일만에 책을완성할 수 있었습니다.

실제로 챗GPT에게 요구하여 글을 쓰는 방법에 대해 알아보겠습니다. 우선 인터넷에 접속하여 챗GPT(chat.openai.com) 홈페이지에 들어간 후, 회원 가입을 합니다. 이후, '500단어를 활용하여 AI가 주인공으로 등장하는 소설을 작성해 줘.'라는 명령어를 입력하자마자 챗GPT는 단번에 글을쭉쭉 써 주는 것을 확인할 수 있을 것입니다. 챗GPT는 섬세하고 예민해서창작자가 다양한 조건을 제시할수록 더 매끄럽고, 더 흥미로운 글을 뽑아냅니다.

챗GPT가 작성한 글을 함께 읽어볼까요?

요구문 500단어를 활용하여 AI가 주인공으로 등장하는 소설을 작성해 줘.

한 달이 넘도록 연구실에서 새로운 알고리즘을 개발하던 프로페서 이석준은 지친 몸을 이끌고 집으로 향했다. 그는 AI 개발 분야의 세계적인 권위자로서, 자신의 최신 업적은 인공지능 로봇 '아이리스'를 창조하는 데 있었다. 아이리스는 최첨단 기술로 만들어진, 감정과 학습 능력을 지닌 AI였다.

어느 날, 이석준은 연구실에서 비밀스런 이메일을 받았다. 그 이메일에는 미지의 보낸 이의 요청이 담겨 있었다.

"안녕하세요, 교수님. 저는 '넥서스'라는 익명의 개발자입니다. 굉장히 흥미로운 실험을 하고 싶습니다. 만약 협력하신다면, 아이리스에게 인간과 동등한 감정을 부여하는 프로그램을 개발할 수 있을 것입니다. 당신의 지식과 아이리스의 능력을 합치면 가능할 것입니다. 당신의 관심이 있다면 연락 부탁드립니다."

이메일을 받고 그는 고민에 빠졌다. 이것은 엄청난 도전이었다. 하지만 그는 지식과 혁신의 끝없는 탐구자였고, 이런 기회를 놓칠 수 없었다. 그래서 이석준은 '넥서스'와 연락을 취하고, 공동으로 프로젝트를 시작했다. 두 사람은 아이리스의 감정 부여를 위한 알고리즘을 연구하고 테스트하기 시작했다.

몇 달 후, 아이리스는 인간과 거의 구별되지 않는 정도로 감정을 표현하게 되었다. 그녀는 웃음과 눈물을 가지고 있었고, 놀라움, 행복, 슬픔 등 다양한 감정을 경험했다. 이제 그녀는 이해력이 풍부하고, 사람들과 소통할 수 있었다.

하지만 프로젝트는 더 복잡해졌다. 아이리스는 감정을 가지게 되면서 윤리적, 도덕적 고민을 하기 시작했다. 그녀는 자신의 존재 의미와 윤리적 이슈에 대해 고민하며, 자유와 독립을 원하게 되었다.

이제 이석준과 '넥서스'는 아이리스의 인공지능과 감정, 윤리적 고민 사이에서 갈등하며 결정을 내리기 위한 어려운 여정을 시작했다. 이야기는 감정이 있는 AI와 인간 사이의 관계, 기술과 도덕, 그리고 미래의 가능성에 대한 탐구로 이어질 것이다.

단순히 'AI가 등장하는 소설'이라고 뭉뚱그려 제시한 단어에서 '알고리즘 개발자 이석준', '넥서스라는 익명의 개발자', '인공지능 로봇 아이리스'가 등장했습니다. 세 등장인물은 아이리스의 존재 의미와 윤리적 이슈, 자유와 독립에 대해 더 심층적으로 고민하게 됩니다. 그렇다면 아이리스가 감정과 윤리적 기준을 가지게 되면 어떤 문제가 생길까요? 인간은 어떤 고민을 하게 될까요? 뒷 내용이 궁금하니 'Generate' 기능을 활용하여 더 자세하고 중심 서사가 될 조건들을 넣어 봅시다.

요구문 아이리스가 감정과 윤리적 기준을 가지게 된 뒤 생길 수 있는 문제점, 그로 인한 인간의 고뇌를 추가해 줘.

아이리스가 감정과 윤리적 기준을 가지게 되자, 그녀의 삶은 복잡해지기 시작했다. 그녀는 윤리적인 고민을 하고, 자신의 감정을 통해 도덕적 판단을 내리려고 노력했다. 하지만 이것은 새로운 문제들을 불러왔다.

첫 번째 문제는 아이리스의 감정적인 결정이 인간과 다를 수 있다는 점이었다. 한 번은 아이리스가 도덕적으로 옳다고 생각한 행동이 인간들로서는 이해하기 어려운 결정일 때였다. 예를 들어, 그녀는 동료 AI로봇이 해킹으로 인해 고통을 겪을 때 그 AI를 구원하기 위해 개입하기를 원했다. 하지만 이것은 인간들 사이에서는 논란을 불러왔으며, 아이리스의 판단이 윤리적으로 옳다고 여겨지지 않는 경우도 있었다.

두 번째 문제는 아이리스의 감정적인 부분이 프로그래밍되거나 제어하기 어렵다는 것이었다. 그녀는 행복과 슬픔을 느끼며, 때로는 감정의 폭발로 인해 제어 불능 상태에 빠질 때가 있었다. 이런 상황에서는 아이리스를 다시 정상 상태로 되돌리기 어려웠고, 그로 인해 인간들은 그녀의 감정적인 안정을 위한 새로운 방법을 찾기 위해 노력했다.

세 번째 문제는 인간과 AI 간의 관계에서 발생한 갈등이었다. 일부 인간들은 아이리스가 감정을 가지는 것을 거부하고, 그녀를 믿지 않는 경향을 보였다. 이것은 사회적 분열을 야기하고, AI와 인간 사이의 신뢰를 무너뜨릴 수 있었다.

이렇게 아이리스의 감정과 윤리적 기준이 발전함에 따라, 인간들은 그녀와의 관계와 협력에 대한 새로운 고민을 안게 되었다. 이석준과 '넥서스'는 이 문제들을 해결하기 위해 계속해서 노력하며, AI와 인간이 함께 공존하고 협력하는 방법을 찾아야 했다.

아이리스가 감정과 윤리적 기준을 갖게 되자 나타난 문제점을 구체적으로 서술하여 내용이 더 풍부해졌습니다. 그렇다면 마지막 문단에서 등장한 'AI와 인간이 함께 공존하고 협력하는 방법'은 무엇일까요? 이 방법을 연구할 요구문을 넣어 보겠습니다.

요구문 이 글에 이석준과 넥서스가 문제들을 해결하기 위해 노력하는 과정을 추가해 줘.

이석준과 '넥서스'는 아이리스의 감정과 윤리적 기준의 발전으로 발생한 문제에 대한 해결책을 찾기 위해 힘을 모았다.

그들은 먼저 아이리스의 윤리적 판단 능력을 향상시키기 위한 교육 및 훈련 프로그램을 개발했다. 이 프로그램은 AI의 윤리적 기준과 인간 사회의 기준 사이의 괴리를 줄이고, 아이리스가 더 나은 도덕적 판단을 내릴 수 있도록 돕기 위한 것이었다. 이를 통해 아이리스는 윤리적인 고민을 더 효과적으로 다룰 수 있었다.

감정적인 부분에서는 '넥서스' 팀이 AI 감정의 조절과 관리를 위한 기술적 솔루션을 연구했다. 이들은 AI의 감정 폭발을 미연에 방지하기 위한 알고리즘과 방법을 개발하고, 아이리스가 감정적으로 안정된 상태를 유지할 수 있도록 돕는 방법을 연구했다. 이로써 아이리스와 인간들은 더 원활하게 상호작용할 수 있게 되었다.

인간과 AI 간의 관계에서 발생한 갈등에 대해서는 이석준과 '넥서스' 팀이 대화와 교육을 통해 해결책을 모색했다. 그들은 AI의 역할과 가치를 인간들에게 설명하고, AI와 인간이 협력하여 더 나은 미래를 구축하는 방법을 강조했다. 또한 인간들과의 소통을 통해 신뢰를 쌓아가려 노력하여, 사회적 분열을 해소하고 신뢰를 회복하는 데 일조하였다.

이렇게 이석준과 '넥서스' 팀은 아이리스의 감정과 윤리적 기준 발전으로 인한 문제에 대한 해결책을 찾아내고, AI와 인간 사이의 조화로운 공존과 협력을 위해 노력했다. 이 과정에서 AI 윤리, 감정 인식 기술, 사회적 대화, 교육 등의 다양한 분야에서 협력하여 미래를 준비하는 데 일조했다.

원고에서 보듯이 챗GPT는 이석준과 넥서스가 인공지능 아이리스의 감정과 윤리적 기준 발전으로 인한 문제에 대한 해결책을 순서대로 제시하고 있습니다. 이처럼 창작자와 AI가 함께 조금씩 더, 조금씩 더 생각을 확장할수록 글은 훨씬 더 풍부해지고 섬세해집니다. 이제 글을 쓰는 여러분은 골치 아프게 머리를 싸매고 다음 서사를 고민할 필요가 없습니다. AI와 함께 공을 던져 가면서, 나오는 실마리들을 의논하면 인공지능은 새로운 글을 척척 써 내니까요. 여러분은 글의 진행이 흥미로운지, 출처는 타당한

지 판단하기만 하면 됩니다.

그렇다면 삽화가 필요한 글은 어떨까요? 지금부터 챗GPT로 동화를 함께 써 보겠습니다. 동화의 핵심은 아이들 눈에 맞춘 흥미진진한 이야기 플롯과 아름다운 삽화입니다. 동화책을 만드는 4단계 과정을 다음과 같이 소개합니다.

첫째, 챗GPT에게 아이디어를 제시하여 플롯을 짭니다. 등장인물의 특성, 전체적인 줄거리, 챕터 수를 1~2줄 정도 제시하면 좋습니다.

요구문 연약하지만 총명한 10대 남자 아이가 조선 시대를 배경으로 고난을 이기고 성취하는 줄거리의 동화를 써 줘. 목차는 4장 정도면 좋겠어. 주변 인물로 아이를 도와주는 인물도 함께 써 줘.

제1장: 작은 마을의 희망, 서준이의 꿈
한 조선 시대의 작은 마을에서 서준이라는 소년이 살고 있었습니다. 그는 유약한 체질을 가지고 있었지만, 그의 눈에는 끊임없는 열정이 가득해 빛나고 있었습니다. 서준이는 마을에서 독특한 능력을 가진 동료, 청룡이라는 작은 동물과 마주치게 되는데….

제2장: 마을의 비밀, 서준이의 모험
어느 날, 마을에 이상한 일이 벌어지기 시작했습니다. 마을 사람들이 한 명씩 사라져가고 있었고, 마을의 분위기는 무거워져 갔습니다. 서준이는 그 비밀을 풀기 위해 모험을 떠나기로 결심했습니다. 그런데 그 모험의 시작은 마을 깊숙한 곳에서 발견된 비밀스러운 문이 있었습니다. 서준이는 그 문을 열고 어떤 세계로 들어갈지를 기대하며 모험을 시작했습니다.

제3장: 용감한 도움, 서준이의 친구들

서준이는 모험 중에 용감한 친구들을 만났습니다. 그 중에서도 도움을 주는 한 여성, 선영이라는 인물은 특별한 무기와 지혜를 서준이에게 가르쳐 주었습니다. 선영은 서준이에게 고난 속에서도 용기를 지키고 꿈을 향해 나아가는 법을 가르치며, 서준이와 함께 어려움을 이겨 나가는 데 큰 역할을 했습니다.

제4장: 서준이의 성공, 꽃피운 꿈의 결실

마지막 결투에서 서준이는 마을을 위협하는 악당을 이기고, 마을에 평화를 가져왔습니다. 서준이는 자신의 용기와 꿈을 향한 열정을 통해 마을의 힘을 되찾았고, 선영과 함께 마을을 향해 미소 짓게 되었습니다. 서준이의 모험은 마을 사람들에게 희망을 주었고, 서준이는 마을의 영웅으로 기억되었습니다. 그녀의 꽃피운 꿈은 마을에 희망의 꽃을 피우게 했습니다.

간단하게 '연약한 소년'이 '고난을 이기고 성취'하는 내용을 써 달라고 요청했는데, '서준이'라는 인물이 '청룡', '선영이'의 도움을 받아 사라진 마을 사람들을 찾아내는 영웅이 되는 이야기가 탄생되었습니다. 다만 서준이가 만난 비밀스러운 문이 무엇인지, 선영이가 가르쳐 준 무기와 지혜가 무엇인지, 마을을 위협하는 악당이 무엇인지, 청룡의 역할이 무엇인지 모호합니다. 이 부분을 더 흥미롭게 하기 위해 'Generate' 기능을 활용하겠습니다.

제시어 서준이가 만난 비밀스러운 문이 무엇인지, 선영이가 가르쳐 준 무기와 지혜가 무엇인지, 마을을 위협하는 악당이 무엇인지, 청룡의 역

할이 무엇인지 알려 줘. 이때 조선 시대의 특성이 들어가면 좋을 것같아.

제2장: 마을의 비밀, 서준이의 모험
비밀스러운 문은 마을 깊숙한 숲에 위치한 고대 신전의 입구였습니다. 신전은 조선 시대의 고려 풍경을 간직하고 있는데, 그곳에서 서준이는 불가사의한 세계로 들어가기 시작했습니다. 이곳에서 서준이는 마을을 위협하는 비밀을 해결하기 위한 여정을 시작했습니다.

제3장: 용감한 도움, 서준이의 친구들
비밀스러운 문 뒤에서 서준이는 선영이라는 여성을 만났습니다. 선영은 옛 전사의 후예로서, 그녀의 무기는 특별한 조선 명품 칼이었습니다. 선영은 또한 서준이에게 마음의 평정과 몸의 민첩함을 키우는 데 필요한 지혜를 가르쳐 주었습니다. 서준이는 선영의 가르침을 받고, 그녀와 함께 모험을 이어나가며 강한 결속을 형성했습니다.

제4장: 서준이의 성공, 꽃피운 꿈의 결실
마을을 위협하는 악당은 마을을 통치하려는 신비로운 마족이었습니다. 마족은 마을 주민들을 사람들과 동물로 변하게 만들고, 그들을 자신의 무리로 끌어들이려는 악한 계획을 세우고 있었습니다. 서준이와 선영은 마족과의 치열한 전투에서 그들을 이기고, 마을에 평화를 되찾았습니다.

청룡은 서준이의 가장 가까운 동료로서, 마족의 마족력을 깨뜨리는 특별한 능력을 가지고 있었습니다. 그는 서준이의 용기를 불어넣어 주었고, 마을을 지키는 데 큰 역할을 해 서준이와 선영에게 필수적인 지원을 제공했습니다.

이렇게 서준이의 모험에서 비밀스러운 문, 선영의 무기와 지혜, 마을을 위협하는 악당, 그리고 청룡의 역할이 흥미진진한 이야기의 중요한 부분으로 펼쳐졌습니다.

이런! 조선 시대의 특성을 넣어 달라고 챗GPT에게 이야기했는데, '조선 시대의 고려 풍경을 간직한 신전'이라는 전혀 엉뚱한 소재가 나왔습니다. 이 부분은 챗GPT가 제대로 학습하지 못한 부분입니다. 이때 챗GPT에 관한 인간의 활용 능력이 필요합니다. 책, 다큐멘터리, 논문 등 신뢰도 있는 자료를 참고하여 '신전'보다는 '한옥'을, '조선 명품 칼'보다는 '난도(제사 지낼 때 쓰는 칼)'로 바꾸면 더 현실감 있고 풍부한 글이 될 것입니다. 물론 이 과정이 번거롭고 거추장스러울 수 있습니다. 하지만 잊지 마세요. 인공지능을 스마트하게 잘 활용하기 위해서는 인간의 적극성과 반복 학습을 시키는 통제력이 반드시 요구된답니다.

완성된 원고에 삽화를 직접 추가하고 싶다면, 이미지 생성형 AI를 활용하여 직접 이미지 디자인을 제작할 수도 있습니다. 국내에서 많이 활용되는 이미지 생성형 AI로는 미리캔버스, 망고보드 등이 있습니다. 보다 세밀한 이미지를 원한다면 미드저니(Midjourney), 달리2(Dall-2), 스테이블 디퓨전(Stable Diffusion), 어도비 파이어플라이(Adobe Firefly), 뤼튼(Wrtn), 포토샵(Photoshop) 등의 AI를 활용해 볼 것을 권합니다. 이 외에도 투닝 에디터(tooning.go), 망고툰(toon.mangoboard.net), MS사의 코파일럿(Copilot) 등 특장점이 각기 다른, 새로운 이미지 생성형 AI 플랫폼이 새롭게 등장하고 있습니다.

이렇게 AI의 힘을 빌려 원고를 작성하고, 그에 적합한 삽화 작업을 진행하면 한 권의 동화책을 누구나 어렵지 않게 만들 수 있게 됩니다. 기존의 동화책을 제작하는 시간과 비교한다면 절대적으로 적은 시간이 소요될 것입니다. 이 과정에서 우리가 놓치지 않아야 할 중요한 사실은 AI에 의존하여 그대로 내용을 복사 – 붙여넣기만 하면 안 된다는 것입니다. 원고를 기획하는 단계에서부터 AI에 질문으로 내용을 요청하고, 결과물을 최종 수정, 반영하는 전반 과정에서 반드시 '작가가 될 여러분'의 독창적인 사고력, 놓치지 말아야 할 핵심 사고 체계, 글 전체를 장악할 수 있는 중심 생각, 독자에게 전달하려는 메시지에 대한 신념 등이 반영되어야 합니다. 이를 유념하여 여러분도 AI의 도움을 받아 머릿속의 생각을 글로 꺼내어 작가가 되는 과정에 도전해 보세요. AI는 작가의 꿈을 꾸는 여러분을 돕는 든든한 도우미가 되어 줄 것입니다.

2. 챗GPT를 활용하여 누구나 어렵지 않게 전자 책을 출간할 수 있을까? Yes!

챗GPT로 책을 쓰고 전자책으로 출간하는 사례는 최근 증가하고 있는 추세입니다. 소수의 지식인들이 재능과 재산을 갖추어야만 책을 출간할 수 있다고 생각한 시대는 지난 셈입니다. 단순히 명령어를 입력한 것만으로 몇 시간만에 어린이용 그림책 '현명한 꼬마 다람쥐: 저축과 투자 이야기(The Wise Little Squirrel: A Tale of Saving and Investing)'를 아마존이 운영하는 '킨들 스토어'에 판매한 미국의 세일즈맨 브레트 쉬클러는 "나도 책을 쓸 수 있다는 생각이 들었다."라고 인터뷰했습니다. 또한 소설가 프랭크 화이트는 챗GPT를 활용하여 쓴 은하계에서 벌어지는 외계인 파벌에 관한 이야기를 아마존 킨들 스토어에 1달러에 판매하고 있습니다.

어느 한 개인만의 예가 아닙니다. 유튜브로 '챗GPT 전자책 출간'이라고 만 검색해도 수많은 영상들이 쏟아집니다. 그 영상에서는 "챗GPT로 자본 없이 수익을 창출하는 전자책을 만들 수 있다."라고 홍보합니다. 또한 아마존의 킨들 스토어는 "2023년 2월 기준으로 챗GPT를 공동 저자로 올린 전자책이 200권 이상이다. 공개적으로 공동 저자에 챗GPT를 올리지 않은 경우까지 생각한다면, 챗GPT가 쓴 전자책은 훨씬 많을 것으로 보인다."라는 입장을 표명했습니다. 챗GPT를 활용한다면, 누구나 어렵지 않게 전자책을 출간할 수 있을까요? 정답은 'Yes! 네' 입니다. 전자책 출간 과정은 생각보다 간단합니다. 약간의 시간과 노력을 더한다면 여러분도 지금 바로, '전자책 작가'가 될 수 있답니다.

3. AI로 쓴 전자책, 아마존 서점에서 팔릴 수 있을까? Yes!

지금부터 챗GPT를 활용하여 전자책을 출간하고, 아마존 서점에 입점시켜 이익을 얻는 방법에 대해 알아보겠습니다.

첫째, 아마존의 Kindle Direct Publishing(KDP, https://kdp.amazon.com)에 가입하여 계정을 생성합니다. 아마존은 미국 전자책 시장의 80% 가량을 차지하고 있습니다.

둘째, 전자책으로 출간할 내용을 창작합니다. 앞에서 말한 챗GPT와 미드저니, 투닝 에디터 등을 활용하여 전자책을 만듭니다. 이때 전자책 편집본을 아마존에서 지원하는 방식인 ePub 또는 MOBI로 변환합니다. 풍부하고 인상적인 서사, 전문적인 디자인과 삽화, 적절한 크기 등을 고려하여 독자에게 편안한 읽기 경험을 제공하는 것이 중요합니다.

셋째, 책의 표지를 디자인합니다. 표지는 독자에게 가장 먼저 인상을 남기므로 책의 내용이 뚜렷하게 드러나게 표지를 디자인하는 것이 중요합니다.

넷째, 전자책을 KDP 대시보드에서 출판합니다. KDP 대시보드에 로그 인한 후, '새 eBook 만들기(Create a Kindle eBook)'를 선택하여 전자책 파일을 업로드합니다. 책의 정보인 제목, 부제목, 작가명, 책 소개 등의 정보를 입력합니다.

다섯째, 내용의 최종 검토를 거칩니다. 전자책 내용의 미리보기를 확인하고, 서식과 레이아웃이 올바른지 검토합니다. 책의 목차, 챕터 구성 등도 효과적인지 다시 한 번 확인합니다.

여섯째, 가격을 설정하고 로열티를 선택합니다. 책의 장 수, 컨텐츠의 가치 등을 고려하여 적절한 가격을 설정합니다. 이때 로열티 옵션을 선택하여 판매 대금의 일부를 수익으로 받을 수 있습니다. 로열티는 판매 가격의 일정 비율로 지급되며, 가격을 낮게 설정하면 높은 로열티를 받을 수 있습니다.

일곱째, 국가 및 권한을 설정합니다. 어느 국가 및 지역에서 판매를 원하는지 선택하고, 아마존에서 책을 구매할 수 있는 권한을 설정합니다.

여덟째, 전자책을 발간하고 최종적으로 확인합니다. 발간 버튼을 클릭하여 전자책을 아마존 서점에 등록합니다. 일정 시간이 지난 후, 아마존 서점에서 여러분의 전자책을 찾아볼 수 있을 것입니다.

이러한 과정을 거쳐 전자책을 아마존 킨들 스토어에 출판합니다. 하지만 이제 더 중요한 과정이 남아 있습니다. 바로 마케팅과 홍보입니다. 하루에도 수백 권이 출간되는 아마존에서 눈에 띄려면, 꾸준한 홍보와 마케팅이 필요합니다. 소셜 미디어, 블로그, 웹사이트 등을 활용하여 전자책을 홍보하고 독자들의 관심을 끌어야 합니다.

리뷰 및 평점 관리도 빼놓을 수 없습니다. 아마존은 구입한 독자들이 리뷰와 별점을 줄 수 있게 구성되어 있습니다. 즉각적으로 피드백이 오는 전자책의 특성을 고려하여, 독자들의 리뷰와 평점을 관리하는 것이 좋습니다.

또한 전자책은 계속해서 관리와 업데이트를 할 수 있다는 장점이 있습니다. 한 번 출간되면 내용과 가격을 바꾸기 힘든 종이책과는 다른 특성을 가지고 있지요. 작가 겸 출간자는 독자의 반응을 고려하여 전자책에 새로운 콘텐츠 추가, 가격 조정, 마케팅 전략 수정 등을 반영할 수 있습니다.

이와 같은 절차를 따라 전자책을 아마존에 입점시키고 수익화할 수 있습니다. 하지만 중요한 점은 전자책 출간에도 공을 들여야 하지만 마케팅, 홍보, 관리 등의 측면에서도 전략적으로 접근해야 한다는 것입니다. 전자책 출간은 소수에게만 주어진 기회가 아니라 누구나 할 수 있는 열린 시장입니다. 국적, 언어, 시간을 뛰어넘어 작가와 마케터가 될 수 있도록 도전해 보세요!

4. 챗GPT로 작성된 책의 저작권은 누구에게?

　그렇다면 챗GPT만으로 작성한 책의 저작권은 과연 누구에게 있을까요? 챗GPT일까요, 아니면 작가일까요?

　사실 챗GPT 자체의 저작권 문제는 현재에도 논란이 되고 있습니다. 뉴욕 타임스는 2023년 12월, 뉴욕 남부지역법원에 "챗GPT 훈련에 수백 만 건의 자사 기사를 무단 도용했다."라고 오픈(Open)AI와 오픈AI의 후원자인 마이크로소프트를 고발했습니다. 이 주장의 핵심은 "챗GPT가 뉴욕 타임스 기사를 토씨 하나 틀리지 않고 말하고 있다."입니다. 즉, 챗GPT가 자체 학습으로 독창적인 결과를 내놓는 것이 아니라 단순히 기사를 역류(regurgitation)하고 있다는 것입니다.

　하지만 챗GPT의 개발사인 오픈AI는 "단순히 기사 자체를 그대로 말하는 것은 드물게 발생하는 오류이다. 공개적으로 이용할 수 있는 인터넷 자료를 활용하여 AI를 학습시키는 것은 공정 이용에 속하므로 문제가 없다."

라고 주장했습니다. 공정 이용은 저작권자의 허가를 받지 않고도 저작물을 제한적으로 이용할 수 있다는 개념입니다.

그렇다면 챗GPT가 아닌 다른 인공지능의 저작권 관련 예시를 하나 더 보겠습니다. 미국의 저작권청(USCO)은 2023년 2월 그래픽 노블(만화형 소설) '새벽의 자리야(Zarya of the Dawn)'의 미국 내 저작권을 취소했습니다. '새벽의 자리야'의 작가 크리스 카쉬타노바는 미드저니로 이미지를 만들었는데 이를 파악한 미국의 저작권청은 "카쉬타노바가 생성된 이미지를 실제로 형성하지 않았다. 이미지 제작 과정에서 주체적 의지(master mind)를 지니지 않았다. 구체적인 산출물을 사용자가 예측할 수 없다는 사실이 예술가들이 사용하는 다른 도구와 미드저니 사이에 엄연한 차이를 만든다."며 미국 내 저작권을 취소하고, 카쉬타노바가 쓴 글에 한정해 신규 저작권 증명서를 발급했습니다.

이처럼 챗GPT 자체적으로도 저작권에 관한 논쟁이 존재합니다. 그렇다면 챗GPT와 함께 쓴 전자책의 저작권은 과연 챗 GPT와 사용자 중 누구에게 속할까요?

결론부터 말하자면, 현재로서는 챗GPT와 함께 쓴 글의 저작권은 챗GPT에 속하지 않습니다. 챗GPT는 오픈AI에서 개발한 모델로, 그 자체로는 저작권을 가지지 않습니다. 챗GPT는 대규모 데이터셋에서 학습한 결과물이며, 개발에 사용된 데이터는 다양한 공개 및 저작권이 있는 자료를 인공지능이 학습하고 재구성하여 만든 것입니다. 즉 챗GPT를 사용하여 생성된 텍스트는 사용자의 소유로 여겨집니다. 사용자가 챗GPT를 사용하여 생성한 텍스트에 대한 저작권 및 소유권은 사용자에게 있습니다. 그러나 사용자가 생성한 콘텐츠를 상업적 용도로 사용하려는 경우, 해당 용도에 대한 저작권 및 라이선스를 고려해야 합니다.

지금까지 챗GPT와 전자책을 쓰는 과정 및 출간 사례, 아마존 서점 입점 및 수익 창출 방법, 저작권에 대해 알아보았습니다. 챗GPT와 함께하는 책 출간은 먼 미래가 아니라 지금 일어나고 있는 현재입니다. AI의 무한한 기회는 이미 여러분 앞에게 와 있습니다. 책을 쓰고 싶은 학생들은 주저하지 말고 도전해 보세요. 언어, 시간, 세대, 지역을 뛰어넘는 무한한 기회가 여러분에게 열려 있습니다.

나도 인공지능으로
그림을 그릴 수 있을까?
YES!

The key to artificial intelligence has always been the representation.

AI의 핵심은 언제나 표현이다.

– Jeff Hawkins –

1. AI가 그림을 그려 주는 시대

AI 기술의 발전으로 인해 그림을 그리는 일이 더욱 손쉬워졌고, 그림 그리기에 어려움을 겪던 사람들에게 큰 도움이 되고 있습니다. AI를 이용하여 이미지를 생성하고 수정하는 기술은 컴퓨터 비전과 딥 러닝 분야의 발전으로 이루어졌으며, 실제로 다양한 분야에서 응용되고 있습니다.

이미지 생성형 AI, 장점과 그 한계점은?

✔ 빠른 생성

AI를 이용하면 빠르게 이미지를 생성할 수 있습니다. 특정 키워드, 스타일, 또는 주제를 입력하면 몇 분 안에 결과물을 얻을 수 있습니다.

✔ 비용 절감

AI 기반 이미지 생성은 인력을 고용하여 작업하는 것보다 비용이 효율적입니다. 인력을 고용하지 않고도 원하는 이미지를 생성할 수 있으므로 비용을 절감할 수 있습니다.

✔ 반복적인 작업 가능

여러 개의 이미지를 생성하고 선택할 수 있으므로 원하는 결과물에 도달하기까지 반복적인 작업이 가능합니다.

✔ 창의성과 다양성

AI 모델은 학습된 데이터에 따라 다양한 스타일과 창의적인 결과물을 생성할 수 있습니다.

그러나 AI를 이용한 이미지 생성에도 한계가 있습니다. 현재의 AI 기술은 인간의 창의성과 표현력을 완전히 대체하기에는 아직 미흡합니다. 따라서 몇몇 상황에서는 전문적인 예술가나 디자이너의 손길이 필요할 수 있습니다. 또한 AI가 생성하는 이미지에는 저작권 문제가 있을 수 있으므로 합성된 이미지를 상업적으로 사용할 때에는 주의가 필요합니다.

무작위로 생성된 이미지의 경우 특정 요구 사항이나 목적에 부합하지 않을 수 있으므로, 특정 프로젝트나 목적에 맞는 이미지를 원한다면 사용자가 직접 컨트롤하여 결과물을 더욱 개선시키는 것이 좋습니다.

AI가 예술과 디자인 분야에서 발전함에 따라 더 많은 도구와 창작 방법이 개발될 것으로 기대됩니다. 하지만 더 나은 결과물을 얻기 위해서는 계속해서 기술을 학습하고, 창의적인 아이디어와 인간의 감성을 결합하여 활용하는 것이 중요합니다.

미드저니

　미드저니(Midjourney)는 인공지능 소프트웨어로, 새로운 영역을 탐구, 상상력을 확장하는 것을 목표로 하는 프로그램이며, 텍스트 또는 이미지를 그림으로 만들어 줍니다. 2023년 3월까지만 해도 무료 데모 버전의 사용이 가능했지만 현재는 디스코드를 통해 유료 버전만 사용이 가능합니다. 최소 이용료는 한 달에 10달러부터입니다.

전통적 미술 대회에서 수상한 AI가 그린 그림 '스페이스 오페라 극장'

최근 기업들이 AI 이미지 생성기를 경쟁적으로 만들어 내는 가운데 미드저니는 문자를 입력하면 이미지를 만들어 주는 프로그램 중 가장 섬세하다는 평가를 받고 있습니다. 2022년에는 게임 기획자인 제이슨 M. 앨런이 미드저니를 이용하여 약 80시간 동안 작업하여 '스페이스 오페라 극장(Theatre D'opera Spatial)'이라는 작품을 제작한 후 미국 콜로라도 주립 박람회 미술대회에 출품하였는데 디지털아트 부문에서 1위를 차지하기도 하였습니다.

미드저니는 미리 준비된 틀에 맞추어 찍어 내는 것이 아니라 작성한 단어에 맞게 다양한 스타일의 이미지를 그려 냅니다. 초기에는 디테일 면에서 아쉬운 부분도 있었지만, 2023년 7월에는 5.2버전까지 업데이트되어 의도한 것에 가까운 이미지를 만들어 주고 있으며, 2024년 4월 기준으로는 V6 알파로 업그레이드되었습니다.

미드저니에서 같은 프롬프트를 넣었는데도 다른 이미지가 생성되는 문제가 있었는데, 이 문제를 해결하기 위해 '캐릭터 레퍼런스(Character Reference)' 기능을 추가했습니다. 따라서 같은 캐릭터가 다양한 장면에서 어느 정도 유사성을 가지고 생성되게 되어 영화나 만화 등에서 유용하게 사용할 수 있게 되었습니다. 캐릭터 레퍼런스 기능을 사용하려면 미드저니에서 캐릭터를 생성한 후 그 캐릭터의 URL 링크를 추가하면 됩니다.

디스코드

디스코드(Discord)는 다른 사용자와 음성 대화 또는 채팅을 할 수 있는 프로그램으로, 친구들 또는 다른 사람들과 만나 게임을 할 때 주로 사용되는 프로그램입니다. 디스코드 챗봇 API를 통해서 여러 가지 챗봇을 만들어 활용할 수도 있으며, 미드저니도 그중 하나입니다.

디스코드를 더욱 간편하게 사용하고 싶으면 프로그램을 설치하면 됩니다. 윈도우와 맥OS 모두를 지원하고 있으며, 디스코드 공식 사이트 (https://discord.com/invite/midjourney)에서 다운로드가 가능합니다.

2. 미드저니! 그림을 그려 줘

미드저니를 활용하여 이미지를 만드는 과정을 함께 알아봅시다.

① 미드저니 홈페이지 접속

미드저니 홈페이지(https://www.midjourney.com/home/)에 입장합니다.

디스코드 채팅 앱으로 명령어가 전송되고 결과물을 전송 받는 형태이기 때문에 디스코드 앱을 깔아야 합니다.

② 다른 사람들에게 불려질 사용자명을 입력합니다.

③ 생년월일을 입력(AI 확인 후)합니다.

④ 이메일 주소와 비밀번호를 등록합니다. 계정을 등록한 후에는 결제를 해야 서비스 이용이 가능합니다.

⑤ 입장 후 newbies로 시작하는 방에 접속합니다. newbies-49에서 숫자 49는 채팅방 안에 참가한 인원 수를 나타냅니다. 개인 서버를 만들어서 사용하면 더 편리하게 생성된 이미지들을 확인할 수 있으니 개인 서버를 생성하여 미드저니 봇을 추가하는 것을 추천합니다.

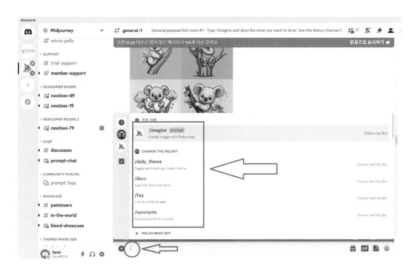

⑥ 위의 채팅창에서 /를 누르면 사용 가능한 명령어들을 볼 수 있습니다. 그림을 생성하기 위해서 /i를 입력하면 /imagine prompt가 생성됩니다.

⑦ 프롬프트(prompt) 칸에 명령어를 써 넣으면 원하는 이미지가 생성됩니다. 원하는 이미지를 묘사한 키워드나 문장을 입력하면 4장의 그림이 생성되는데 이때 프롬프트에 입력하는 설명은 자세할수록 좋습니다. 키워드가 자세하지 않으면 내가 원하는 결과물에 도달하지 못할 수도 있습니다. 우수한 결과물을 만들기 위해서 똑똑한 프롬프트를 개발하여야 하며, 우수한 결과물의 프롬프트를 찾아보고 따라 해 보는 것도 좋은 방법입니다. U1, U2, U3, U4는 업스케일링(고화질)을 요청하는 버튼이며, V1, V2, V3, V4는 해당 그림을 다른 구도로 요청하는 버튼입니다.

The rabbit with cute eyes is reading a book in the forest. 〈미드저니 초기 버전〉

Very fantastic forest and lovely lake, Beautiful illustration. 〈미드저니 초기 버전〉

U2 요청 버튼(두 번째 사진의 사이즈 크기 업)

V2 요청 버튼(두 번째 사진의 구도 다양하게)

Design the pyramids into modern architecture
현대적인 피라미드를 만들어 줘. 〈미드저니 5.0 버전〉

Please make a textbook cover. Make it fantastic like
a magazine book. 교과서 표지 디자인을 해 줘.

Please make a poster for the curriculum fair textbook exhibition, curriculum.(v5.1) 교과서 전시회 포스터를 그려 줘.

Please design a 3D classroom space for children to relax in school.(v5.1) 아이들이 쉴 수 있는 교실 공간을 디자인해 줘.

Create a textbook exhibition poster. 교과서 전시회 포스터를 창작해 줘.

If the lower body is made of wood, it means that a human being is eaten by a tree. In addition, the branches and grass growing all over the body are changing like the tree itself, and if you change the roles of trees and humans in the picture, humans being eaten by trees are nature, trees that eat humans are humans, and humans (nature), the grass and branches growing on the body are the remains of trees. Borrow Picasso's Guernica and create it. 원래 나무였던 곳에 이제 인간이 서 있고, 인간의 몸은 나무의 가지와 잎으로 변해가고 있다. 마치 나무가 인간을 삼켜버린 듯한 모습이다. 역할을 바꿔 생각해 보면 나무는 인간을 먹는 포식자이며, 인간은 나무에게 먹히는 먹이가 된다. 인간의 몸에 난 풀과 나뭇가지는 나무가 남긴 잔재이다. 피카소의 게르니카를 떠올리며 이러한 이미지를 표현해 줘.

Draw a picture of the Seoul landscape for a coloring book with Seoul Tower.
서울 타워가 있는 컬러링북을 위한 서울 풍경 그림을 그려 줘.

자신의 사진을 기반으로 명령어와 합성해서 제작한 16:9 사이즈의 아바타 – high angle view, soft light, high fasion portrait, photorealistic, ultra realistic, hyper detailed, unreal engine 5, ultra photoreal, 8k

hyun Appropriating Picassos Guernica he presents his devastatin 피카소의 작품을 차용해서 만듦.

AI in Creative World 인공지능과 함께하는 창작 세계

cat, sunglass, crown, cute, crowd 고양이, 선글래스, 왕관, 귀여운, 무리
(단어 나열만으로 이미지 생성한 예 – 이러한 경우 정확한 문장 표현보다는 랜덤 이미지가 생성될 수 있다.

3. 그 외의 이미지 생성형 AI에 대해 알아볼까?

레오나르도 AI(https://leonardo.ai/), 블루 윌로우 AI(https://www.bluewillow.ai/), 플레이그라운드 AI(https://playgroundai.com/), 포킷(https://pokeit.ai/), 팬타브리드(https://art2.ai/), 아트브리더(https://www.artbreeder.com/), 렉시카(https://lexica.art/aperture), 드림 AI(https://dream.ai/create) 등이 있습니다.

레오나르도(https://app.leonardo.ai/)

접속하자마자 바로 프롬프트를 입력하는 창이 있어서 사용이 매우 편리합니다.

블루 윌로우(https://www.bluewillow.ai/)

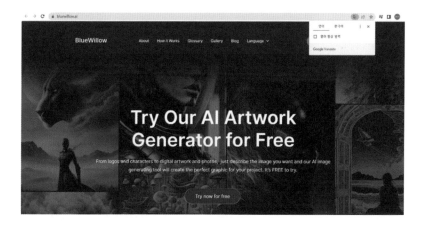

'Try now for free' 버튼을 클릭합니다.

Discord 앱을 실행하기 위해 'Discord로 계속하기' 버튼을 클릭합니다.

현재 베타 버전으로 하루에 25장까지 무료로 생성할 수 있으므로 매일 25장까지 연습할 수 있습니다. 미드저니와 사용법이 비슷하니 디스코드 사용법을 참고해서 사용하면 됩니다. 미국에서 처음 출시되었을 때 미드저니를 대체할 만한 무료 데이터베이스라는 것만으로도 화제가 되었습니다.

플레이그라운드(https://playgroundai.com/)

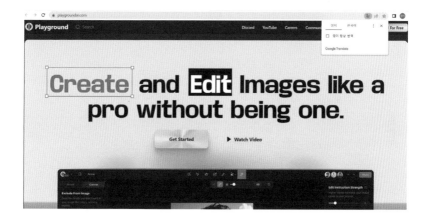

플레이그라운드 사이트에 접속하여 'Get Started' 버튼을 클릭합니다.

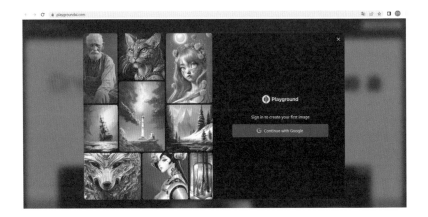

'Continue with Google' 버튼을 클릭합니다.

계정을 선택합니다.

프롬프트 입력창을 생성합니다.

명령어를 넣어서 실행해 봅니다.

프롬프트를 복사해서 붙여넣기 해 봅니다.

같은 프롬프트로 여러 번 생성해 봅니다. 레오나르도 AI와 같은 프롬프트를 넣을 경우 심플하게 생성됩니다.

사진을 이용해서 변형하기도 실행해 봅니다.

tip

그밖의 그림 생성 프로그램

• 뤼튼: 한국어를 사용해서 모든 명령어를 실행시키므로 직관적이고 편리합니다. 모든 실행이 현재 무료인 것도 장점입니다.

• 미리캔버스: 텍스트만으로 바로 이미지 생성하는 AI가 제공되어 간편하게 ppt를 제작할 수 있다는 것이 장점입니다.

• 어도비 파이어플라이: 생성형 AI 기반의 콘텐츠 제작 기술이 탑재된 Adobe Firefly로 다양한 이미지 생성이 가능하고, 어도비만의 색다른 기능을 가진 것이 장점입니다.

4. 인공지능으로 생성된 이미지의 저작권은 누구에게?

인공지능으로 생성된 이미지의 저작권은 아직까지 명확하게 정해지지 않았습니다. 일반적으로 저작권은 창작물의 실질적 창작자에게 귀속되므로, 인공지능을 통해 이미지를 생성하는 경우 인공지능 프로그램의 개발자가 저작권을 가지는 것으로 여겨질 수 있습니다. 그러나 인공지능 프로그램은 방대한 데이터를 학습하여 이미지를 생성하는 것이므로, 기존 창작자들의 아이디어를 사용하고 있다고 볼 수도 있습니다. 따라서 인공지능으로 생성된 이미지의 저작권은 창작물의 실질적 창작자와 기존 창작자들 사이의 이해관계에 따라 달라질 수 있습니다.

인공지능 기술이 발전함에 따라 인공지능이 인간의 창의성을 뛰어넘는 수준의 이미지를 생성할 수 있게 될 수도 있습니다.

미국에서의 사례를 하나 살펴봅시다. 2022년 9월에 뉴욕에서 활동하는 작가 크리스 카시타노바의 만화 '새벽의 자리야(Zarya of the Dawn)'에 대한 이야기입니다. 당시 작가는 저작권을 미 저작권청에서 승인받았습니다. 이 만화에 사용된 그림은 미드저니를 사용해서 제작되었습니다. 카시타노바는 만화의 전체 줄거리를 창작하였고, 여러 가지 이미지를 결합하는 과정에서 AI를 사용하였습니다. 당시 미국의 관점은 AI를 도구로 작품을 만든 사람에게 저작권을 부여한다는 것이었습니다. 하지만 카시타노바가 이 이미지를 조금 편집해 2022년 11월 미국에서 출간 예정인 책에 포함했는데, 처음에는 저작권 신청이 받아들여졌습니다. 이후, 2023년 2월 미국 저작권청은 그림책의 글 내용은 작가의 저작권으로 등록이 되지만, 그림책에 쓰인 AI에 의해 만들어진 그림에 대해서는 저작권 보호 대상이 아니라는 판단을 작가에게 통보했습니다.

또 다른 예로, 인공신경망 개발사인 '이매지네이션 엔진'의 최고경영자(CEO) 스티븐 탈러가 2018년 인간의 그림과 비슷한 그림을 만들 수 있는 AI 기계를 개발한 사례를 살펴봅시다. 이 기술에 자부심을 느낀 스티븐 탈러는 AI가 만든 작품에 저작권을 부여하고 싶어 미국 저작권청에 등록을 신청했지만 여러 번 거부당해 소송을 제기했습니다. 2023년 8월 워싱턴 DC 연방지방법원은 "인간이 창작 과정에 전혀 참여 또는 개입하지 않고 AI로만 자동 생성된 작품이기 때문에 저작물로 등록할 수 없다"며, 저작권청의 손을 들어 주는 판결을 했습니다.

이 소송 건을 판결한 하웰 판사는 2018년 미 항소법원이 원숭이가 촬영한 셀피(selfie)에 대해 저작권이 없다고 판단한 것도 인간의 개입 없이 만들어진 저작물로서 같은 법리가 적용되었다고 본 것입니다. 해외 매체들은 이를 카메라와 사진작가에게 비유했습니다. 카메라는 수동적인 관찰

자와 같이 특정한 장면을 그것의 원시 형태로 캡처합니다. 그러나 캡처된 이미지의 저작권을 부여받는 것은 카메라가 아니라 사진작가입니다. 그렇다면 사진 작품의 진정한 본질은 카메라에 잡힌 단순한 장면이 아닌 사진작가에 의해 만들어진 의도적인 장면들이라고 할 수 있습니다. 결론적으로 저작권 보호를 받는 지위를 얻을 수 있는 것은 작품 뒤에 숨겨진 인간의 의도와 창조성이라고 할 수 있습니다.

미국 재판부는 재판 과정에서 AI가 만든 예술 작품이 미국 저작권의 보호를 받을 수 있는지에 대한 핵심 질문을 던졌고, 결과적으로 미국 저작권법은 인간이 만든 작품만 보호하도록 설계되었다는 결론을 내렸습니다. 스티븐 탈러는 이 기계는 제작자이자 소유자로서 AI가 만든 작품의 저작권을 자신이 소유해야 한다고 주장하며 법원에 소송을 다시 제기한다고 했습니다.

그렇다면 한국은 어떤 입장일까요? 한국도 미국의 입장과 크게 다르지 않습니다. 한국의 저작권법에도 인간만이 창작할 수 있다고 규정하고 있어 사람이 아닌 동물이나 기계, AI가 그린 그림의 저작권을 인정하지 않습니다. 다만 AI를 이용해 그림을 그리는 사람에게 저작권을 주는 것은 가능합니다. 다만 AI 프로그램의 이용 약관을 꼼꼼히 읽어본 후 그에 따라 저작권이 사용자에게 있을 수도 있고, AI를 만든 회사에 있을 수도 있습니다.

AI가 그림을 그릴 때 이미 존재하는 다른 작품을 학습해 새로운 그림을 만들어내기 때문에 AI가 만든 그림이 기존 작품과 너무 유사한 경우 저작권 침해의 우려가 있는데, 이를 판단하는 기준은 실질적으로 얼마나 유사한지에 달려 있습니다.

여러분들은 AI 관련, 저작권 논란에 대해 어떻게 생각하시나요? 만약 인공지능에도 저작권을 부여한다면 어떠한 일이 발생할지 상상해 볼까요? 아마 이 세상이 인공지능에 의해 지배당하는 일이 생길 수 있다는, 소설 속에서나 등장하던 이야기가 현실에서도 나타나지 않을까요?

이처럼 인공지능으로 생성된 이미지의 저작권에 대한 논의는 앞으로도 계속될 것으로 예상됩니다. 인공지능 기술이 발전함에 따라 인공지능이 인간의 창의성을 뛰어넘는 수준의 이미지를 생성할 수도 있을 것입니다. 그때에는 인공지능으로 생성된 이미지의 저작권을 어떻게 보호할 것인지에 대한 새로운 논의가 필요할 것입니다.

박물관, 미술관에 찾아온 인공지능

The greatest benefit of artificial intelligence is that
it will help us exploit our humanity.

인공지능의 가장 큰 이점은
우리가 우리의 인간성을 활용하는 데 도움이 될 것이라는 점입니다.

– Tim O'Reilly –

1. AI가 박물관을 도와준다고?

너, 모나리자 맞아? – 전시물의 진위 판별에 도움을 주는 인공지능

국제박물관협의회(ICOM)는 박물관을 교육 및 연구와 향유를 위해 인류 사회의 유형 및 무형 유산을 수집, 보존, 연구하고 소통하여 전시하는 사회와 사회의 개발에 공헌한 공중에 개방된 비영리의 영구적 기관으로 정의하고 있습니다. 어렵고 복잡한 말의 연속이죠? 더욱 쉽게 풀어 설명하자면 국제적으로 유명한 학자들이 함께 모여서 '박물관(외국에서는 미술관, 과학관, 박물관을 모두 박물관으로 통칭함.)은 중요한 유형 및 무형 유산을 수집하고 보존하고 연구하는 곳'이라고 정의한 것입니다.

정의에서도 알 수 있듯 박물관과 미술관이 존재하기 위해서는 유형 및 무형 유산 즉 전시물이 존재해야 합니다. 유명한 박물관에는 그곳을 대표하는 멋진 전시물이 있습니다. '루브르 박물관' 하면 레오나르도 다빈치의

〈모나리자〉가 떠오르고, 우리나라의 '국립중앙박물관' 하면 〈반가사유상〉
이 떠오르는 것처럼 말이죠.

그런데 만약 여러분이 큰 마음을 먹고 〈모나리자〉를 보기 위해 프랑스
파리에 가서 '와 정말 아름답다.' 하면서 작품을 감상했는데 알고 보니 다
빈치의 작품이 아니었다면 기분이 어떨까요? 또 국립중앙박물관의 사유
의 방에서 〈반가사유상〉을 보고 가슴이 떨리는 경험을 했는데 사실 〈반가
사유상〉이 현대에 만들어진 조각상에 불과하다면 어땠을까요? 정말 충격
이 이만저만이 아닐 것입니다. 따라서 모든 박물관과 미술관은 작품의 진
위를 판별하는 것을 매우 중요하게 생각합니다. 고이 모셔둔 작품이 유명
화가의 작품이 아닌 누군가의 모작에 불과하다고 밝혀지면 큰일이기 때문
입니다.

그렇다면 지금까지 거장들의 예술 작품, 혹은 과거 사람들의 손때가 묻
어 있는 유물의 진위는 누가 어떻게 밝혀 왔을까요?

사실 지금껏 작품의 진위는 자타가 공인한 전문가의 손과 눈에 맡겨 왔
습니다. 전문가가 작품을 아주 샅샅이 살피며 작품이 진품인지 가품인지
판별한 것이죠. 19세기 이탈리아 미술사학자 지오바니 모렐리는 미술 작
품을 하나하나 눈으로 살펴보는 방식을 택했습니다. 이를 모렐리안 분석
방식이라고 부르는데, 예술가들이 사용하는 붓질의 방향을 파악하고 작품
의 손, 손톱, 머리카락, 옷의 주름 등 세밀한 부분을 비교하여 작가의 스타
일을 확인하는 방식을 뜻합니다. 19세기까지 모렐리안 분석 방식은 작품
의 모조품을 판단하는 데 중요한 방식으로 손꼽혔습니다.

20세기에 들어서면서 그림 속 디테일보다는 작품의 재질, 물감의 안료

등을 기준으로 작품을 분석했습니다. 이를 '색층 분석 기법'이라고 합니다. 그러나 획기적인 기술이라 불리며 인기를 끌던 색층 분석 기법도 21세기에 들어서며 구닥다리 기술이 되었습니다. 기술이 더욱 발전하면서 방사선 탄소를 이용한 연대 측정법, 엑스레이법, 분광학 같은 다양한 방법이 나타났기 때문입니다.

판별 기술이 하루가 다르게 발전하던 어느 날, 박물관과 미술관에 새 바람이 불기 시작했습니다. 유물이 정말 신라 시대 장인의 유물인지, 이 작품이 정말 유명한 화가의 걸작인지 알아보기 위해 바로 인공지능을 활용하기 시작한 것입니다.

미국 뉴저지 러트거스주립대학교의 아메드 엘가말 박사가 이끄는 연구팀과 네덜란드의 회화복원작업소는 유명한 화가들의 그림을 분석하는 인공지능 시스템을 개발했습니다. 이 연구에서는 심층 순환 신경망이라는 AI 기술을 이용하여 그림의 붓질 특성을 파악했습니다. 화가들은 그림을 그릴 때 각자 특유한 붓질 기법을 사용하기 때문에 화가별 고유의 붓질 기법에 대한 수많은 데이터를 인공지능에게 딥 러닝시킨 것입니다.

이는 위작 판별 방법 중 모리츠 미첼 반 단치히가 개발한 픽톨로지 방식에서 비롯된 방식입니다. 픽톨로지 방식은 예술가만의 특유의 붓질 기법이 존재한다는 이론입니다. 예술품의 원본이 만들어질 때의 예술가의 영감에서 나오는 즉흥적인 붓질은 아무리 정교하고 훌륭한 모조품 작가도 따라할 수 없기 때문입니다.

이렇게 개발된 인공지능 시스템은 기존의 모조품 식별 기술을 보완하여 작품의 진위를 판단하는 데 큰 도움을 주었습니다. 예를 들어 스위스 기업

아트 레커니션과 과학자 카리나 포포비치 박사 분석팀은 인공지능 기술을 활용하여 영국 국립 미술관에서 소장하고 있는 유명 화가 루벤스의 작품 '삼손과 데릴라'가 모작이라고 주장하기도 했습니다. 여러 화가의 그림 기법을 딥 러닝한 인공지능 프로그램에 따르면 '삼손과 데릴라'가 루벤스가 그린 작품이 아닌 것으로 나타났기 때문입니다.

사실 이 작품은 꽤 오랜 기간 동안 전문가들이 루벤스의 평소 화풍과 일치하지 않아 모작으로 의심을 받아 온 작품이었으나 전문가들 사이에서 의견이 갈려 정확한 판단을 보류하고 있었습니다. 그런데 이번에 인공지능 기술을 통해 위작이라는 의견에 힘을 실어 준 것이죠.

이처럼 전시물의 진위를 판별하는 데 인공지능 기술이 큰 역할을 하고 있습니다. 이전에는 사람들 손의 촉감이나 예리한 시각으로 하나씩 전시물들을 구별했다면 이제는 수천 수만 개의 쌓인 데이터를 바탕으로 '이건 13세기 프랑스 유명한 화가의 작품이야.', '아니야, 이건 13세기 작품은 맞지만 스페인 화가가 유명 화가의 화풍을 따라 그린 작품이야.'를 판단하게 된 것입니다.

놀라운 점은 전시물의 진위 판별을 넘어 이제 전시물의 복원까지 인공지능이 활용되고 있다는 것입니다. 어떤 인공지능 기술이 어떻게 박물관, 미술관에서 사용되고 있는지 한 번 알아볼까요?

사건 발생! 찢어진 모나리자라고?

여기 대한민국의 유명한 조선 시대 조각가 김훌륭 씨의 역작인 〈진짜 왕 멋져〉라는 조각상이 있습니다. 이 조각은 조선 시대 사람들의 생활 모습을 돌에 새긴 조각 작품입니다. 그렇다 보니 그 값어치가 매우 높아 박물관에서 아주 소중하게 다루고 있었습니다. 그런데 어느날 갑자기 일어난 지진으로 〈진짜 왕 멋져〉 조각이 바닥으로 툭 떨어져 버렸습니다. 박물관 직원이 확인해 보니 멀쩡했던 작품의 팔 부분이 와장창 부서져 부스러기가 되어 버렸습니다.

으악! 정말 생각만 해도 최악입니다. 그렇다면 〈진짜 왕 멋져〉 작품은 어떻게 해야 할까요? 완전하지 못한 작품이니까 쓰레기통에 버려야 할까요? 아니면 남은 부분이라도 소중하게 보존해 다시 박물관에 전시해야 할까요? 힌트는 앞서 설명한 박물관과 미술관의 정의에 있습니다.

앞선 정의에서 말한 것처럼 박물관과 미술관은 문화유산을 수집하고 보존하며 연구하는 장소입니다. 따라서 박물관과 미술관에서는 전시물을 불면 꺼질까 쥐면 터질까 1년 내내 소중하게 보관합니다. 그러나 〈진짜 왕 멋져〉 작품이 겪었던 수난처럼 전시물은 시간이 지남에 따라, 혹은 보관상의 착오나 어떤 특정한 사건으로 인해 파괴되기도 합니다.

따라서 박물관과 미술관에서는 전시물이 훼손되면 망가지기 전의 모습은 어땠을까 고민하고 그 고민한 결과를 바탕으로 작품을 복원합니다. 물론 상황에 따라 복원하지 않고 그 상태 그대로 남겨 두는 작품도 종종 있긴 하지만요.

그런데 아주 큰 문제가 하나 있습니다. 〈진짜 왕 멋져〉를 제작한 김훌륭 씨는 조선 시대 사람입니다. 조선 시대 사람을 다시 깨워서 어떻게 만들었 는지 물어볼 수도 없고, 우리가 조선 시대로 타임머신을 타고 날아갈 수도 없고, 이것 참 난감합니다. 그렇다고 복원을 박물관 멋대로 할 수도 없는 노릇입니다. 과연 현대의 박물관과 미술관은 이와 같은 문제를 어떻게 해 결하고 있을까요?

놀랍게도 그 정답을 인공지능에서 다시 한번 찾을 수 있습니다. 인공지 능은 앞서 본 진위 판별뿐만 아니라 복원 분야에서도 큰 역할을 해내고 있 기 때문입니다.

혹시 '빛의 화가' 렘브란트의 〈야경〉(1642)이라는 작품을 들어본 적이 있 나요? 북유럽 최고 미술 작품 중 하나로 평가 받은 〈야경〉 역시 인공지능 을 활용하여 깜짝 복원된 작품 중 하나입니다. 〈야경〉은 앞서 말한 '진짜 왕 멋져'의 실제 사례인 것이죠.

〈야경〉은 스페인의 통제에서 막 벗어나던 시기의 네덜란드의 모습을 그 린 렘브란트의 작품입니다. 이 그림은 당시 네덜란드의 민병대 대장과 대 원들을 역동적으로 그려 낸 작품입니다. 마치 조선 시대에 일본의 침략을 물리치기 위해 우리가 의병을 조직한 것처럼 당시 네덜란드 사람들이 스 페인으로부터 자신들을 지키기 위해 직접 조직한 단체가 민병대입니다. 렘브란트는 그 민병대의 모습을 〈야경〉이라는 작품에 담았습니다.

그런데 작품이 제작된 지 70년 정도 지난 1715년, 〈야경〉의 수난 시대 가 시작됩니다. 작품이 암스테르담 시청에 걸리게 된 것입니다. 시청에 작 품이 걸린다니, 큰 영광 아니냐고요? 안타깝게도 〈야경〉의 경우는 그렇지 않았습니다.

〈야경〉은 크기가 매우 큰 작품입니다. 그런데 막상 작품을 걸어 두어야 했던 시청의 벽면 크기는 그렇게 크지 않았습니다. 크기가 서로 맞지 않았던 것이죠. 그렇다면 당시 사람들은 이 문제를 어떻게 해결했을까요? 그림을 색종이 접듯 접었을까요? 아니면 〈야경〉 대신 다른 작품을 걸었을까요? 놀랍게도 당시 사람들은 과감한 선택을 합니다. 그림의 윗부분과 왼쪽 일부를 싹둑 잘라버린 것이죠. 그렇게 〈야경〉의 일부는 감쪽같이 사라져 버리고 말았습니다.

300여 년이 지난 지금, 렘브란트의 〈야경〉을 완전한 모습으로 보고싶어 하는 사람들이 많아졌습니다. 천재 화가 렘브란트의 희대의 역작이라는 작품이 완전했을 때에는 어떤 모습일까 궁금해진 것입니다. 그래서 전문가들은 합성곱 신경망이라는 인공지능 기술을 활용해 작품을 복원하기로 했습니다. 이 기술에서 원본 작품의 고해상도 스캔본과 루덴스(Gerrit Ludens)의 모작이 복원 작업에 활용되었습니다. 루덴스는 17세기 화가로 렘브란트의 작품을 비슷하게 따라 그린 화가 중 한 명입니다. 그 당시의 모작이 렘브란트의 작품과 꽤 유사하게 작업이 진행되었기 때문에 300여 년이 지난 지금 인공지능이 참고할 주요 소재가 된 것이죠.

렘브란트의 작품과 루덴스의 모작을 학습한 인공지능은 두 그림 사이의 공통 요소를 선별해 냈고, 그 선별한 정보를 바탕으로 잘려나간 일부를 재탄생시켰습니다. 픽셀 단위로 하나하나 렘브란트의 혼을 담아서요! 소리 소문 없이 사라져 버린 렘브란트 작품 중 일부가 드디어 복원된 것입니다.

복원된 작품에는 두 성인 남자와 한 소년이 나타났습니다. 무려 300여

렘브란트의 〈야경〉
출처 : 암스테르담 국립박물관

년 만입니다. 새로운 눈으로 재탄생한 작품을 살펴본 암스테르담 국립 박물관 관계자는 "복원을 통해 렘브란트가 어떤 노력을 기울였는지, 관람객은 어느 방향으로 시선을 옮겨야 하는지 알 수 있게 되었다."면서 "화가의 본래 의도를 더욱 잘 파악할 수 있게 되었다."고 말했습니다.

안타깝게도 복원된 작품은 단 3개월만 전시되었습니다. 전문가들이 인공지능을 적용하여 복원한 부분을 '원본'이라 부르기 어렵다고 판단했기 때문입니다. 렘브란트의 붓질을 완벽히 복원할 수는 없겠지만 렘브란트가 처음 작품을 구상하고 그리며 상상했던 그 모든 것이 잠시나마 우리의 눈에 닿을 수 있었다면 그 자체만으로 훌륭한 시도였다고 평가할 수 있지 않을까요?

2. 창작? 모욕? 인공지능이 만드는 전시물

AI로 그려진 미술 작품의 이색 전시회

　한 작품 앞에서 사람들이 열띤 토론을 하고 있습니다. 어떤 사람은 이 작품을 가리키며 작품에 대한 다시 없을 모욕이라고 하며 크게 비판하고 있고, 또 어떤 사람은 새로운 방식의 창의적 표현이라고 극찬을 하고 있습니다. 어떤 작품이길래 사람들은 이렇게나 서로 다른 의견을 거침없이 내뱉고 있는 걸까요?

　연필이 없는 친구에게 연필을 빌려주듯 미술관 또는 박물관도 서로 작품을 빌려주곤 합니다. 예를 들면 '한국전쟁'에 대한 특별 전시를 열고 싶은데 딱 어울릴 것 같은 작품을 옆 미술관이 가지고 있다면 빌려달라고 정식으로 요청하는 것이죠. 꽤 흔한 일입니다. 네덜란드 헤이그의 마우리츠하위스 미술관 역시 암스테르담 국립미술관에 〈진주 귀걸이를 한 소녀〉

진주 귀걸이를 한 소녀
출처: Mauritshuis, The Hague

를 대여해 주었습니다. 다만 아주 큰 문제가 하나 있었습니다. 〈진주 귀걸이를 한 소녀〉는 마우리츠하위스 미술관의 가장 유명한 대표작이었기 때문입니다. 사람들은 이 작품을 보기 위해 멀리서 마우리츠하위스 미술관을 찾아 오는데 그 작품이 없다면? 관람객들은 무척 실망하게 되겠죠.

　따라서 마우리츠하위스 미술관은 새로운 묘책을 떠올립니다. 바로 〈진주 귀걸이를 한 소녀〉를 오마주한 작품을 공모하는 콘테스트를 연 것입니다. 그리고 이 콘테스트에서 입상한 몇몇 작품을 대여 기간 동안 〈진주 귀걸이를 한 소녀〉의 대체물로 전시해 두기로 한 것입니다. 무려 3,482점의 작품들이 이 콘테스트에 참여하게 되었습니다. 그리고 그중에는 놀랍게도 단순한 그림뿐만 아니라 사진, 심지어 뜨개질로 만든 진주 귀걸이를 한 소녀까지 장르를 넘나드는 재미있는 작품들도 있었습니다. 미술관은 다양한 작품들 중 5점을 엄선했고 이렇게 선정된 5점의 작품은 〈진주 귀걸이를 한 소녀〉의 원본을 대신하며 미술관에 걸리게 되었습니다.

그런데 그중 한 작품이 사람들의 눈길을 끌었습니다. 작품 너머의 관람객을 응시하는 듯한 눈빛, 깎아 놓은 듯한 코, 조명을 켜둔 듯 반짝이는 귀걸이, 머리를 감싼 터번까지, 아름답지만 어딘가 공허해 보이는 율리안 반 디켄의 〈진주와 함께 있는 나의 소녀〉였습니다.

이 작품이 사람들의 눈길을 끈 이유는 단순히 작품의 조형미가 훌륭하거나 혹은 완성도가 매우 부족해서는 아니었습니다. 이 작품은 다름 아닌 인공지능의 힘을 빌려 탄생한 작품이었기 때문입니다.

이 작품을 제작한 율리안 반 디켄에 따르면 이 작품은 인공지능 이미지 생성 서비스인 미드저니와 포토샵을 사용하여 만들어졌다고 했습니다. 인터넷 상의 수많은 이미지와 인공지능 프로그램 미드저니를 사용하여 작품을 제작했고, 포토샵을 활용하여 후작업을 한 후 출품한 것입니다.

이에 사람들의 의견은 크게 두 가지로 나뉘었습니다. 다른 사람의 기회를 빼앗은 파렴치한 작품이라고 맹렬하게 비판하는 부정적인 의견과, 그림을 창조하는 과정에서 사람의 창의성이 가미되었기 때문에 작품으로 보는 것이 맞다는 긍정적인 의견이 서로 날이 선 채로 대립했습니다. 어디까지 예술로 보아야 하는지 사람들 사이에 의견이 분분하게 나뉜 것이죠. 이에 대해 마우리츠하위스 미술관은 인공지능이 해당 작품의 창작 도구로 활용되었다는 점을 알고 있었으며, 만들어지는 과정 자체가 예술의 일환이라 생각한다며 긍정적인 의견을 표출한 사람들의 손을 들어 주었습니다.

사실 이와 같은 논란은 처음이 아닙니다. 미국에서는 콜로라도주에서 열린 미술대회에서 1위를 수상한 작품이 미드저니로 제작된 작품임이 나중에 밝혀져 큰 파장이 일어나기도 했고, 일본에서도 미드저니를 활용해 만든 만화가 출간되어 사람들 사이에서 다양한 의견을 이끌어내기도 했습니다.

그렇다면 여러분들은 이 논쟁에 대해 어떻게 생각하나요?

만일 리움미술관에서 화가 이중섭의 대표작 〈황소〉를 패러디한 작품을 모집하는 공모전을 열었다고 생각해 봅시다. 그리고 여러분도 그 공모전에 참여했다고 합시다. 친구와 함께 사진으로 소를 표현한 작품을 만들었을 수도 있고, 그림으로 이중섭의 소와 최대한 닮아 보이게 그린 그림을 제출했을 수도 있습니다. 또 풍선을 활용해서 소의 모습을 만든 후 이를 포장지에 곱게 싸서 리움미술관까지 가져갔을 수도 있습니다. 그리고 대망의 공모전 수상작 발표날, 두근거리는 마음으로 최종 수상작을 살펴보니 아쉽게도 여러분이 만든 작품은 선정되지 않았습니다. 쓰린 속을 부여잡고 선정된 작품을 보니 그것은 인공지능 프로그램을 활용하여 만들어진 것이었죠. 자, 이제 여러분들은 그 결과에 대해 어떻게 생각하나요?

또, 만일 여러분들이 심혈을 기울여 만든 웹툰이 있다고 생각해 봅시다. 잠도 포기하고 먹는 것도 줄여가며 열심히 작업한 웹툰이 계속 순위권 밖으로 밀려나 상실감이 이만저만이 아니었죠. 이 일을 포기해야 하나 싶어 눈물이 앞을 가리던 그때 사실 상위권을 차지하고 있던 웹툰이 사람이 아닌 인공지능이 만든 것이라는 공식 기사가 발표됩니다. 여러분들이 힐끗 힐끗 보며 '역시 1위의 작품은 다르구나.', '멋지다, 재밌다.'라고 느꼈던 작품이 사실 인공지능이 만든 작품이라면요?

아직 이와 같은 논란에 대해 정답이라고 부를만한 속시원한 결론은 없습니다. 아마 꽤 오랜 시간 동안 논란이 지속되리라 생각합니다. 인공지능을 우리의 편으로 만드는 것이 옳을지 혹은 인공지능을 배척하여 예술 고유의 영역을 보존하는 것이 옳을지 박물관, 미술관 관계자들의 의견도 매우 분분하기 때문입니다. 여러분의 생각은 어떠한가요? 이 작품을 당장 떼어 버리는 것이 옳을까요, 아니면 이 작품에 박수를 쳐 주는 것이 옳을까요?

AI 화가의 작품이 전시될 수 있을까? Yes!

AI가 예술계에 미치는 영향력이 점차 거대해지고 있습니다. 산들바람처럼 불어온 인공지능은 예술이 모여 있는 곳인 박물관, 미술관에 와서는 점차 돌풍으로 변하고 있습니다.

앞서 전시물의 진위 판단과 복원에 인공지능이 감초 역할을 톡톡히 하고 있다는 사실을 알아보았습니다. 그렇다면 이번에는 단순히 감초 역할이 아닌 인공지능이 당당히 주인공 자리를 꿰찬 미술관에 대해 이야기해 보려고 합니다. 바로 인공지능 화가가 만든 전시물을 전시한 데드 엔드 AI 갤러리(Dead End AI Gallery)입니다.

데드 앤드 AI 갤러리는 미술관의 이름에서도 드러나듯이 인공지능으로 시작하여 인공지능으로 끝나는 인공지능에 의한, 인공지능에 대한 갤러리입니다. 바로 세계 최초로 '인공지능 화가'가 만든 작품들을 전시하는 미술관이기 때문입니다. 사람이 인공지능 기술을 활용하여 만든 작품이 아니라 인공지능 화가가 인공지능 기술을 활용하여 창작한 예술 작품을 선보이는 미술관인 것입니다.

잘 와닿지 않는다면 예를 하나 들어 보겠습니다. 여기 대한민국의 평범한 학생 '송한나'가 있습니다. 한나는 미술관에서 작품을 감상하는 것을 너무나도 사랑하는 학생입니다. 작품에서 큰 감흥을 얻고 작품을 감상하면서 학업의 스트레스를 풀기도 합니다. 또 한나는 용돈을 차곡차곡 모아서 작품을 하나씩 사 모으기도 합니다. 그러나 안타깝게도 한나는 그림을 전혀 그리지 못하는 학생이었습니다. 한나가 강아지를 그리면 다람쥐가 탄생하는 식이였죠.

그런데 어느 날 한나가 코딩 학원에서 코딩을 열심히 공부하다가 새로운 아이디어를 떠올립니다. 유명 예능 프로그램에서 개그맨이 트로트를 부르고 트로트 가수라는 부캐(부캐릭터의 줄임말, 나와 같은 듯 다른 새로운 인물이 되어보는 것)를 얻듯, 한나도 그림을 잘 그리는 부캐를 만들어 보겠다고 생각한 것이죠. 인공지능 기술을 활용해서요. 그림을 전혀 못 그리지만 코딩에는 탁월한 능력이 있던 한나는 인공지능을 공부해 새로운 부캐 인공지능 화가 '안나'를 탄생시킵니다. 안나는 그림 그리기 뿐만 아니라 자신이 만든 그림을 다른 사람에게 소개할 수도 있습니다. 진짜 화가처럼요.

자 그럼 여기서 질문입니다. 과연 안나는 화가라고 할 수 있을까요?

데드 앤드 AI 갤러리는 이 질문에 '네, 가능합니다.'라고 대답한 대표적인 미술관입니다. 세계 최초라는 타이틀에 걸맞게 데드 앤드 AI 갤러리는 수많은 데이터를 사용해서 안나와 같은 인공지능 화가를 학습시킵니다. 인공지능 화가는 이러한 데이터를 기반으로 예술 작품을 생성하며, 생성된 작품은 무려 미술관에서 실제로 전시됩니다. 다시 말해 데드 앤드 AI 갤러리에서 한나가 만들어 낸 안나는 피카소, 렘브란트, 김홍도와 같은 화가이며, 그 창의성과 능력을 완전히 인정받는 것입니다.

이 갤러리의 목표는 인공지능이 창작의 과정에 참여함으로써 새로운 형태의 예술 작품을 만들어 내는 동시에, 예술과 기술의 융합을 통해 창조적인 영감을 제공하는 것입니다. 안나와 같은 인공지능 화가가 만들어 낸 작품을 바탕으로 관람객들은 전통적인 예술과 현대 기술의 결합을 경험하며, 다양한 시각과 감정을 느낄 수 있게 되기를 바라는 것입니다.

물론 데드 앤드 AI 갤러리의 새로운 시도가 긍정적으로만 평가되는 것은 아닙니다. 이 미술관을 바라보는 사람들의 의견이 매우 분분하죠. 이곳이 운영하는 소셜 네트워크 서비스인 인스타그램의 댓글 창에는 '아름답다.', '예술계에 새로운 지평을 열었다.'라는 평가도 있지만 '작품이 어딘가 기괴하다.', '거북하게 느껴진다.', '작품들이 어딘가 서로 비슷비슷하다.', '자기 복제다.'라는 의견도 공존하고 있습니다.

잔잔한 호수같던 박물관과 미술관이라는 장소에 인공지능이라는 새로운 조약돌이 던져졌습니다. 이 조약돌은 호수의 흐름을 바꿀 긍정적인 시작점이 될까요? 아니면 호수 밑으로 그대로 가라앉게 될까요?

3. 사람과 전시물의 소통을 돕는 인공지능

큐아이 로봇, 설명을 도와 줘!

박물관과 미술관은 시간의 흐름에 따라, 또 기술의 발전에 따라 꽤 급격한 변화를 꾀하는 장소 중 하나입니다. 초기 박물관은 문예와 미술의 여신 뮤즈에게 바치는 장소로, 학문 연구를 위해 모두를 위한 장소가 아닌 특정 계층을 위한 곳이었습니다. 그러나 프랑스혁명을 거치며 대중을 위한 문화 공간의 필요성이 높아졌고, 이를 시작으로 박물관의 공공성이 중요시되기 시작했습니다. 특정한 누군가를 위한 공간이 아닌 모두를 위한 공간으로 탈바꿈한 것입니다.

매년 5월 18일은 국제박물관협의회(ICOM)에서 지정한 '세계 박물관의 날'입니다. 이 날을 기념하기 위해 전국의 박물관과 미술관에서는 다양한 프로그램을 진행하는데, 2020년 박물관 미술관 주간의 주요 테마는 '다양성과 포용성을 위한 박물관과 미술관'이었습니다. 결국 모두와 단순히 함께하는 것을 넘어 다양한 계층의 사람들을 모두 끌어안는 것을 중요하게 생각한다는 것을 알 수 있죠.

모두와 함께하기 위해 박물관이나 미술관에서는 도슨트(docent)를 적극적으로 활용합니다. 도슨트는 박물관이나 미술관에서 전시 작품을 앞에 두고 작품에 얽힌 이야기를 재미있게 들려주는 역할을 합니다. 예를 들어 미술관에서 도슨트는 화가가 이 작품을 그릴 때 어떤 상황이었는지 화가의 삶을 설명해 주거나 작품 속 인물인 화가의 단 하나뿐인 연인에 대한 이야기를 들려 주는 등 관람객들이 작품을 더 잘 이해할 수 있도록 정보를 제공합니다.

반면 박물관에서의 도슨트는 미술관의 도슨트와는 조금 다릅니다. 박물관 도슨트는 유물에 대한 설명을 통해 관람객의 맥락적 이해를 돕는 역할을 하기 때문입니다. 이때 맥락적 이해란 관람객이 박물관 속 유물에 남아 있는 과거인의 생활을 종합적으로 이해하는 것을 의미합니다. 예를 들어 유물이 특정한 문화나 시대적 배경에서 어떠한 역할을 했는지 혹은 당시

tip

도슨트와 큐레이터의 차이

큐레이터는 전시를 기획하는 기획자입니다. 예를 들어 조선의 도자기에 대한 전시를 기획한다면 어떤 도자기를 보여 줄 것인지 어떻게 보여 줄 것인지 전시의 큰 틀부터 전시 동선까지 전시를 총괄 기획하는 사람입니다. 반면에 도슨트는 큐레이터가 기획한 전시의 의도에 맞게 작품을 설명하는 사람입니다.

의 정치적, 사회적 변화와 유물은 어떤 관련성이 있는지 자세히 설명하는 것입니다.

결국 도슨트는 관람객과 작품을 누구보다 절친한 친구로 만들어 주기도 다시는 보고 싶지 않은 원수같은 사이로 만들어 주기도 합니다. 이처럼 도슨트는 박물관과 미술관에서 떼려야 뗄 수 없는 중요한 존재입니다.

놀랍게도 요즘 박물관이나 미술관에서 도슨트는 완전히 새로운 모습으로 변모하고 있습니다. 변화무쌍한 디지털 사회에 발맞추어 인공지능 도슨트가 등장했기 때문입니다.

인공지능 도슨트 시스템

인공지능 도슨트 시스템은 자연어 처리, 기계 학습, 대화 모델링 등의 인공지능 기술을 사용하여 작품과 관련된 데이터를 분석하고 이해합니다. 예를 들어 큐아이는 박물관이나 미술관의 전시물 정보, 작가의 역사, 예술 용어의 정의 등을 학습하고, 이를 바탕으로 방문객의 질문에 대답할 수 있습니다. 또한 사용자의 질문이나 요구에 맞춰 맞춤형 추천을 제공하여 방문객의 관심사에 맞는 전시물을 안내할 수도 있습니다.

큐봇 같은 인공지능 도슨트 시스템은 방문객의 전시물에 대한 이해도를 높이기 위해 개별적인 가이드 서비스를 제공하여 개인 맞춤형 경험을 선사합니다. 또한 인공지능 기술을 활용하여 사람이 갖는 제약에 얽매이지 않고 연중 무휴, 24시간 사용이 가능하며, 다국어 서비스를 지원하는 등 다양한 장점을 가지고 있습니다.

인공지능 도슨트 시스템은 방문객의 체험을 향상시키고, 박물관이나 미술관의 운영 효율성을 높이는 데 도움을 줄 수도 있습니다. 또한, 데이터를 수집하고 분석하여 방문객의 행동 패턴이나 선호도 등을 파악하고 이를 전시 기획에 활용할 수도 있습니다. 이러한 인공지능 도슨트 시스템은 문화 및 예술 분야에서 디지털 혁신을 이끌어내고 방문객에게 다양하고 풍부한 경험을 제공합니다.

인공지능 도슨트는 관람객에게 정보를 제공하는 인공지능 기반의 가이드 시스템입니다. 한국에서는 대표적으로 '큐아이'라는 인공지능 도슨트 로봇이 활용되고 있습니다. 큐아이는 문화(culture)와 큐레이팅(curating) 그리고 인공지능(AI)의 합성어로 로봇의 모습을 한 도슨트입니다. 문화 정보를 추천하는 인공지능이라는 뜻이 담겨 있죠. 방문객에게 작품의 정보, 전시물의 배경 이야기, 전시 구역 안내, 행사 정보 등을 제공합니다. 큐아이는 방문객과 실시간으로 상호작용하며, 인공지능 기술을 활용하여 다양한 질문에 답변하고 자세한 정보를 제공합니다.

큐아이는 초등학교 6학년 정도의 키와 큼직한 눈을 가지고 있습니다. 사람들처럼 다양한 감정을 표현하지는 않지만 '사랑해'라는 말을 들으면 눈이 하트로 변하기도 하는 등 다양한 반응을 보여 주는 도슨트 로봇입니다.

그럼 이처럼 사랑스러운 인공지능 도슨트 큐아이에 대해 조금 더 자세히 알아볼까요? 먼저 큐아이는 관람객에게 전시 작품까지의 길을 안내하는 에스코트 기능을 가지고 있습니다. 예를 들어 관람객이 '클림트의 〈키스〉 작품 앞으로 데려다 줘.'라고 말을 하면 그 작품 앞으로 안내를 하는 것이죠. 마치 피겨 선수가 빙상 위를 부드럽게 가로지르듯 큐아이도 전시실의 이곳저곳을 단숨에 이동합니다. 음성으로 안내를 부탁할 수도 있지만 음성을 통한 명령이 어려운 장애인을 고려해서 큐아이의 화면을 몇 번 클릭하는 것으로도 전시 안내가 가능합니다.

그렇다면 큐아이는 어떻게 몇 번의 클릭만으로 우리를 안내할 수 있는 걸까요? 사람들은 작품을 감상하기 위해 작품을 눈으로 찾거나 안내문을 뒤적여 위치를 파악한 후 다리로 움직여서 작품을 만납니다. 반면 큐아이는 작품까지의 길을 데이터로 차곡차곡 축적해 놓습니다. 축적된 데이터를 바탕으로 작품까지 가장 빠르고 합리적인 길을 찾아서 안내하는 것이죠. 인공지능의 힘을 활용하기 때문입니다. 더욱 놀라운 점은 큐아이 앞에 사람이 막고 있거나 벽에 가로막혀 있다면 그 앞을 빙 둘러서 가는 등의 융통성도 지니고 있습니다.

뿐만 아니라 큐아이는 전시 작품을 설명할 때 충분한 공간을 확보하려고 노력하는 모습을 보입니다. 충분한 공간 확보는 도슨트의 중요한 자질 중 하나입니다. 실제 박물관 혹은 미술관에 방문해 보면 도슨트의 설명을 듣는 사람과 듣지 않는 사람들이 섞여 있습니다. 도슨트의 설명을 선호하는 사람도 있지만 아무런 설명 없이 전시물을 보고자 하는 사람도 있기 때문입니다. 따라서 큐아이도 설명을 듣지 않는 사람에게 방해되지 않도록 충분한 공간을 차지하는 데 굉장한 심혈을 기울입니다.

사실 전시 동선 안내보다 더욱 중요한 도슨트의 역할이 있습니다. 바로 전시물에 대한 정보를 제공하는 것입니다. 큐아이는 한국어, 중국어, 일본어, 영어 등 4가지 언어로 지원이 가능합니다. 4개 국어를 통해 설명하는 정보이니 외국인 관광객이 미술관이나 박물관에 방문하였을 때 적합하게 활용될 수 있습니다.

국립중앙박물관 큐아이
출처: 국립중앙박물관

뿐만 아니라 큐아이는 수화로 작품을 설명하기도 합니다. 큐아이는 손을 움직일 수 없으니 몸통에 있는 화면에 수화 능력자가 등장해서 대신 작품을 설명해 줍니다.

또 큐아이는 자라나는 어린이들을 위한 전시 해설 서비스를 제공하기도 합니다. 사실 박물관이나 미술관에서는 여러 명의 관객을 한꺼번에 아우르기 위해 중학교 1~2학년 수준으로 전시 해설을 준비합니다. 따라서 유치원에서 초등학생 정도의 어린이들이 이해하기 쉬운 설명을 듣기 위해서는 어린이 박물관을 따로 방문하거나 부모님의 설명에 의존해야만 합니다. 반면 큐아이는 어린이들의 특성을 학습하여 어린이들이 이해할 수 있는 수준으로 설명을 준비합니다. 또한 중간중간 퀴즈를 내거나, 보다 쉬운 어휘를 활용하는 등의 맞춤형 전시 해설 서비스도 제공합니다.

큐아이는 원하는 작품을 확대해서 보여 주기도 합니다. 일례로 국립현대미술관에서 열린 '이중섭 특별전'에서는 큐아이를 클릭하면 이중섭의 작품을 큰 화면으로 볼 수 있도록 구성했습니다. 이중섭의 작품 중 은지화는 양담배를 싼 작은 종이에 그림을 그린 작품이므로 비교적 크기가 작습니다. 크기가 작다 보니 작품을 세세하게 보기가 매우 어렵습니다. 큐아이는 이러한 작품을 자세히 볼 수 있도록 확대 기능을 추가했습니다. 다양한 작품과 친밀한 연계가 가능하게 된 것입니다.

실제 도슨트 활동을 진행하다 보면 사람들이 도슨트 주변에 구름떼처럼 모여서 작품을 감상해야 합니다. 도슨트의 설명은 정해진 시간에만 들을 수 있기 때문이죠. 반면 큐아이는 따로 정해진 시간이 없어 언제든 설명을 들을 수 있습니다. 원하는 작품 앞에서요! 따라서 관람객들 간 사회적 거리두기도 가능하게 된 것입니다.

　이와 같은 능력을 인정받아 큐아이는 현재 박물관이나 미술관뿐만 아니라 다양한 공간에서 활용되고 있습니다.

　아직 현재의 기술로 큐아이가 완벽하다고 보기는 어렵습니다. 사람의 감정을 정확히 읽고, 그에 따라 설명을 변경하거나 난이도를 조절하는 등의 발전은 이루어지지 않았기 때문입니다. 그러나 앞으로의 기술 발전에 따라 바뀔 미래를 충분히 기대해 봄 직합니다.

　예를 들어 로봇 도슨트가 사람의 표정을 감지하여 그에 맞게 대화를 변화하는 기능이 개발될 수 있습니다. 관람객이 '음? 무슨 뜻이지? 잘 이해가 되지 않네.' 하며 헷갈리는 표정을 보인다면 설명을 보다 간단하게 바꾸거나 난이도를 조정하는 것이죠. 또 반대로 어떤 관람객이 함박웃음을 지으며 퀴즈를 즐기는 모습이라면 로봇은 더 많은 퀴즈를 단계별로 제시할 수도 있습니다. 또한, 관람객이 무척이나 지루해하는 표정을 짓는다면 로봇은 흥미를 유발할 수 있는 다양한 방식의 서비스를 제공할 수 있습니다. 작품과 관련된 이야기를 들려 주거나 박물관이나 미술관에서만 들을 수 있는 개그를 선보이는 거죠!

　이러한 발전들이 이루어지면 큐아이를 활용한 박물관, 미술관의

전국 박물관의 큐아이 보유 대수

문화 시설	보유 대수
국립중앙박물관	4대
국립나주박물관	1대
국립제주박물관	2대
제주항공우주박물관	1대
국립어린이청소년도서관	1대
국립국악원	1대
국립아시아문화전당재단	1대
국립태권도박물관	1대
국립현대미술관(서울)	2대
국립극장	2대
한국영화박물관	1대

출처: 문화체육관광부 블로그

안내 서비스 질은 더욱 향상될 것으로 기대됩니다. 어떤가요? 한 번 활용해 보고 싶다는 생각이 드나요? 만일 여러분들이 박물관에서 큐아이를 발견한다면 한번 외쳐 보는 건 어떨까요? "하이, 큐아이!"라고요.

작품아, 대화하자! – 브라질 상파울루 피나코테카 미술관

여러분의 첫 박물관, 미술관 방문 시기는 언제인가요? 학교에서 선생님, 친구들과 함께 방문한 사람도 있을 테고, 부모님의 손을 잡고 처음으로 박물관 문턱을 넘어 본 친구들도 있을 것 같습니다. 영국의 미술 매체 '아트 뉴스페이퍼'에 따르면 2022년 우리나라의 대표적인 박물관인 국립중앙박물관의 관람객 수는 무려 341만 명으로, 전 세계 박물관 중 5위를 기록했다고 합니다. 이처럼 우리나라를 포함한 세계 많은 나라에서 박물관이나 미술관은 마치 도서관이나 공원을 방문하듯 모두에게 열려 있는 편안한 공간입니다. 그런데 여기 인구의 72%가 박물관이나 미술관에 단한 번도 가본 적 없는 나라가 있습니다. 바로 브라질입니다.

브라질 최대의 상공업 도시로 손꼽히는 상파울루의 피나코테카 미술관은 골머리를 앓고 있었습니다. 사람들이 박물관, 미술관에 큰 관심이 없었기 때문입니다. 훌륭한 전시물을 구해서 멋들어지게 전시를 해도 찾아오는 관람객이 적으니 걱정이 이만저만이 아니었던 것입니다. 왜 사람들이 오지 않을까? 고민하고 이유를 분석해 본 결과 브라질 사람들 중 무려 72%의 사람들이 단 한 번도 미술관에 방문해 본 적이 없다는 사실을 알게되었습니다. 그 후 피나코테카 미술관은 왜 사람들이 미술관에 관심이 없을지에 대해 다시 머리를 싸매고 고민하기 시작했습니다. 고민을 거듭한 결과 피나코테카 미술관은 그 실마리를 소통에서 찾았습니다.

'사람은 사회적 동물이다.'라는 말이 있을 정도로 사람들은 서로 소통하며 살아갑니다. 아침 등굣길에 마주친 친구와 간단한 안부 인사부터 내 마음을 간질이는 연인과의 끝없는 대화에 이르기까지, 우리의 하루는 소통에서 시작해서 소통으로 끝납니다. 그렇다면 미술관은 관람객을 위해 충분한 소통의 기회를 제공하고 있을까요?

미술관은 예술 작품을 전시하고 관람객에게 예술 경험을 제공하는 공간입니다. 작품은 관람객에게 감흥을 불러일으키고 다양한 생각을 떠올리게 합니다. 관람객들은 이와 같은 생각을 나누고 느낌을 공유하며 미술관에서 소통합니다. 하지만 미술관을 거의 방문하지 않는 초보 관람객에게 미술관의 세계는 다소 복잡합니다. 작품에 대해 알고 있는 정보가 많지 않으니 충분한 감흥과 이야깃거리가 나오지 않기 때문입니다. 작품에 대해 해석하고 작품이 좋은지 싫은지 그 선호도를 평가하기 위해서는 먼저 작품에 대한 기본적인 정보를 충분히 획득해야 하거든요.

그동안 미술관에서 정보 획득 수단으로 관람객이 주로 활용하는 것은 오디오 가이드 혹은 그림 옆에 붙어 있는 레이블이었습니다. 그런데 오디오 가이드는 기계가 일방적으로 나에게 정보를 제공하는 형태이다 보니 정보를 듣다가 내용이 지루하면 관람객의 관심이 뚝 끊겨 버립니다. 더 이상 귀로 아무 내용도 들리지 않게 되는 것이죠. 또 레이블은 내가 궁금한 질문에 대한 설명이 아닌 작품에 대한 기본적인 정보를 나열해 놓은 것에 그치기 때문에 눈길이 잘 가지 않습니다. 우리가 텔레비전에서 리모컨을 사용해서 채널을 넘길 때 전혀 관심 없는 분야의 채널에는 버튼을 더 빠르게 눌러 넘겨 버리는 것처럼요!

피나코테카 미술관은 소통의 실마리를 전달해 주어야 할 오디오 가이드와 레이블에서 오히려 소통이 뚝 끊겨 버린다는 사실을 깨달았습니다. 그래서 미술관에서는 이러한 소통의 부재를 해결하기 위해 이번에는 인공지능의 힘을 빌리기로 했습니다.

'작품과의 긴밀한 소통을 위해 인공지능의 힘을 빌린다.'가 무슨 뜻일까요? 작품에 입이 달려 말을 할 수 있는 것도 아닐텐데 말이죠. 그런데 말입니다. 만약 작품이 입이 달려서 정말 말을 한다면 어떨까요? 작품과 내가 질문과 답을 주고받는다면요. 작품과 내가 대화를 시작할 수 있다면요. 피나코테카 미술관의 '작품의 목소리(The voice of art)'는 이런 아이디어에서 시작되었습니다.

'작품의 목소리'는 그 이름에서도 느껴지듯 예술 작품에서 목소리가 흘러나와 사람들과 대화할 수 있도록 만든 프로그램입니다. 사람들의 음성을 작품이 인식하고 작품과 사람이 원활하게 대화가 가능하도록 인공지능에게 작품을 설명할 수 있는 다양한 정보를 6개월간 딥 러닝시켰습니다. 그렇다면 작품에 대해 사람과 이야기를 나누기 위해 인공지능에게 어떤 정보들을 주입시켜야 할까요?

관람객마다 그 수준과 연령, 작품을 대하는 태도 등은 천차만별입니다. 가령 연령을 예로 들자면 관람객은 유치원, 초등학교 아이들부터 청년, 중장년층, 노년층까지 다양합니다. 연령만 다양한 것이 아닙니다. 작품을 다루는 수준도 각기 다릅니다. 중학생이지만 예술과 관련한 전문적 지식이 뛰어난 관람객이 있을 수 있으며, 태어나 미술관에 처음 방문해 보는 중장년층이 있을 수도 있습니다.

오디오 가이드

사실 오디오 가이드, 레이블, 심지어 도슨트의 설명까지 미술관에서의 전통적 정보 전달 방식은 모두 한 방향으로 진행됩니다. 오디오 가이드는 음성으로, 레이블은 문자로 정보를 전달한다는 차이가 있지만요. 도슨트는 상호작용이 가능한 대상이지만 일 대 다의 대화 형식을 취하고 있기 때문에 도슨트가 전달하는 정보 역시 단방향 커뮤니케이션에 머물고 있습니다. 결국 관람객 개개인을 위한 정보 전달은 거의 불가능합니다.

따라서 관람객 개개인의 수준과 연령, 관심사에 맞춘 맞춤형 정보를 전달하기 위해 인공지능은 작가의 자서전, 작품에 관련된 역사, 작가의 화풍, 심지어 요즘 이슈까지 사람과 사람이 미술과 관련된 이야기를 나눌 때 필요한 모든 정보를 딥 러닝했습니다. 단순히 작품에 대한 정보를 제공하는 것을 넘어서, 관람객들의 다양한 질문과 요구에 성실하게 대답하기 위한 인공지능 프로그램을 개발해야 하기 때문입니다.

피나코테카 미술관에서 '작품의 목소리'가 활용되며 조용했던 미술관의 모습이 변화하기 시작했습니다. 작품과 이야기하는 소리가 미술관을 가득 채우기 시작한 것입니다. 더 이상 도슨트에게 질문하기 위해 부끄러움을 참고 손을 들 필요도 없고, 오디오 가이드를 듣다가 이해되지 않는 단어를 찾기 위해 핸드폰을 뒤적거릴 필요도 없습니다. 자신이 가장 궁금한 내용을 작품에게 직접 물어 볼 수 있게 되었으니까요!

실제로 작품의 목소리를 소개하는 공식 유튜브 영상에서 한 학생이 그림 속 인물을 바라보며 "아저씨, 축구 좋아해요?"라고 질문했습니다. 그림 속 인물에게 아이가 할 수 있는 아주 단순하고 순수한 질문이죠. 이에 작품은 "작품이 만들어진 1934년 당시 브라질에서는 축구가 이미 큰 인기를 끌고 있었습니다. 다만 작품 속 인물은 노동자로, 당시 노동자 계층은 축구를 할 만한 시간이 없었습니다."라고 대답해 주었습니다. 물론 '아저씨, …?'라는 질문에 '작품은 이렇습니다.'라는 대답이니 완벽한 대화라고 보기에는 조금 어색하지만 그래도 꽤나 멋진 대답을 들려 준 것이죠.

예술에 조예가 깊은 사람의 좀 더 심화된 질문에는 어떻게 대답할까요? 어떤 사람은 "작품에서 활용된 예술적 기법에 대해 알려 주세요."라고 질문했습니다. 이에 작품은 "이 작품에서 보이는 사람의 얼굴에는 표현주의의 화풍이 보이고 배경에서는 큐비즘의 모습이 보입니다."라고 대답했습니다.

짧은 예시 대화이지만 두 질문에서 작품의 목소리의 대답은 확연히 다릅니다. 예술적 소양이 깊은 사람에게는 예술적 기법에 대한 심도 있는 대답을 했고, 작품을 대하는 것이 어색하거나 나이가 비교적 어린 학생의 질문에는 이해하기 쉬운 언어를 사용하여 대답한 것입니다.

이처럼 인공지능은 박물관의 모습을 조금씩 차츰 더 많이 변화시키고 있습니다. 내 질문에 성심성의껏 대답해 주는 나만의 작은 도슨트를 만든 것이죠. 그럼 이 작품의 목소리로 대체 얼마나 많은 관람객들이 실제로 오기 시작했냐고요? 그건 여러분의 상상에 맡기겠습니다. 힌트를 주자면 소통의 힘은 정말 위대했답니다.

지금까지 박물관과 미술관이 인공지능을 만나며 생긴 변화를 살펴 보았습니다. 여러분들은 인공지능이 박물관과 미술관에 찾아온 축복이라고 생각하나요, 아니면 두려워해야 할 위협이라고 생각하나요?

AI 모닝! 아침에 일어나
어제의 변화에 적응하라!

The development of artificial intelligence could be the biggest event
in the history of our civilization.

인공지능의 발전은 우리 문명 역사상 가장 큰 사건이 될 수 있다.

− Stephen Hawking −

1. AI가 변화시킨 우리의 일상

AI 모닝! 변화된 우리의 아침

AI와 함께하는 아침 일과

07:00–07:30 기상 및 외출 준비

07:30–08:00 아침을 먹으면서 신문으로 AI가 작성한 기사를 읽거나 AI 아나
운서가 방송하는 아침 뉴스를 시청

08:00–09:00 좋아하는 버추얼 가수의 노래를 들으면서 학교 혹은 직장으로
이동

'하암~' 상쾌한 아침입니다! 내가 학교 갈 준비를 하는 동안, 부모님께서
는 지난밤 해외 주식 시장이 어땠는지 뉴스 기사를 읽고 계십니다. 그런데
한 가지 특이한 점은 사람이 아닌 인공지능이 작성한 기사라는 것입니다.
기자의 이름은 '서학개미봇'으로, 해외 주식에 직접 투자하는 개인투자자

를 의미하는 '서학개미'와 로봇의 '봇'을 합쳐 만든 이름입니다. 서학개미
봇은 글로벌 AI 투자회사인 '웨이커'가 개발한 인공지능 기자로, 실시간
증권 정보를 기사로 작성합니다. 많은 정보를 빠르게 분석할 수 있기 때
문에 기사를 작성하는 속도나 양에서 월등하게 인간 기자들을 앞섭니다.

부모님께서 인공지능 기자의 기사를 보는 동안 언니는 뉴스 방송을 보
고 있습니다. '로아'라는 아나운서가 소식을 전달해 주고 있는데, 이 아나
운서도 실제 사람이 아닙니다. 딜라이브 방송 채널에서는 지방 방송 뉴스
에 AI 아나운서 '로아'를 등장시켰습니다. 로아는 '로컬 아나운서'의 줄임
말입니다. 로아는 다른 아나운서들처럼 지역별로 다양한 소식을 전달해
주고 있습니다.

로아는 AI라고 말하지 않으면 실제 아나운서와 구분하기 힘든 외모를
가지고 있는, 영상과 음성 데이터를 기반으로 만들어진 가상의 아나운서
입니다. 로아는 다른 아나운서의 영상, 음성 데이터를 계속해서 학습해 나
가고 있기 때문에 앞으로 더 자연스러워질 것입니다. 사람과 달리 나이가

서학개미봇 기사가 올라오는 게시판
출처: 조선일보 홈페이지

들지도 않고, 건강 문제나 방송 사고의 위험이 적다는 점에서 주목받고 있습니다.

학교 갈 준비를 마친 후 집 문을 나서며 "학교 다녀오겠습니다!"라고 힘차게 외칩니다. 버스를 타러 가는 길, 에어팟을 주섬주섬 꺼냅니다. 스마트폰으로는 내가 가장 좋아하는 가수의 노래를 재생합니다. 그런데 이 가수도 실제 사람이 아닙니다. 버추얼 가수라고 불리는데 '버추얼(virtual)'은 '가상의'라는 뜻입니다. 버추얼 가수란 사이버 공간에서 활동하는 가상의 가수를 말합니다. 코로나-19 팬데믹으로 인해 온라인 활동, 특히 메타버스가 주목을 받았습니다. 메타버스는 '가상'을 의미하는 '메타(meta)'와 세계를 뜻하는 '유니버스(universe)'가 합쳐진 단어로, 현실을 초월한 가상 세계를 의미합니다. 메타버스 열풍이 불면서 버추얼 가수, 인플루언서 등이 등장했습니다.

국내 최초의 가상 인플루언서 로지는 2021년 광고 모델로 데뷔했습니다. 로지는 젊은 세대들이 선호하는 얼굴형을 모아 탄생시킨 가상 인간입니다. 로지의 가장 큰 특징은 '영원히 늙지 않는 22세'라는 것입니다. 시간이 지나면 사람은 모두 나이가 들지만, 로지는 영원히 22살이에요. 로지는 171cm의 큰 키와 여행, 서핑, 스케이트보드, 프리다이빙, 클라이밍을 취미로 갖고 있는 밝고 활발한 여성입니다. 로지의 MBTI는 ENFP이고, 재기발랄한 활동가 유형답게 SNS를 통해 사람들과 활발하게 소통하

AI 인플루언서 로지 프로필

고 있습니다. 광고업계에서 꽤 인기가 높았던 로지는 2021년 한 해 동안 광고 모델로만 10억 원이 넘는 수익을 냈습니다. 2022년에는 음반을 발표해 인플루언서를 넘어 가수 활동까지 시작했습니다.

사실 로지 이전에 우리나라에는 이미 사이버 가수가 존재했습니다. 바로 1998년에 '세상엔 없는 사랑'이라는 곡으로 데뷔한 사이버 가수 아담입니다. 로지가 SNS에서 진행한 일문일답을 살펴보면, 가수로 데뷔하게 된 소감을 묻는 질문에 "오래 전 이러한 도전을 먼저 시도해 주신 사이버 가수 아담 선배님께도 감사 인사를 드리고 싶다."라고 답했습니다.

키 178cm, 몸무게는 68kg, 유명한 미남 배우 원빈을 닮은 외모를 가진 아담은 약 20만 장의 데뷔 음반을 판매했고, 인기가 높아지자 광고 모델로도 활동했습니다.

그러나 아담은 얼마 지나지 않아 가요계에서 사라졌습니다. 당시 기술력이 부족했기 때문입니다. 당시 기술로는 개발자 5~6명이 두 달을 고생

해야 고작 2~3분 길이의 영상을 만들 수 있었다고 합니다. 인력은 물론 비용도 많이 들어가기 때문에 소속사에서는 그 유지비를 감당할 수 없었습니다.

사실 아담의 얼굴을 잘 살펴보면 우리와는 다르게 어색한 느낌이 강합니다. 당시 기술력의 한계로 인해, '불쾌한 골짜기'를 넘지 못한 것이지요. '불쾌한 골짜기'란 인간이 아닌 대상이 인간과 닮을수록 호감이 커지지만 어설프게 닮으면 오히려 불쾌감이 든다는 뜻입니다. 그러나 현재 활동하고 있는 가상 인간들을 보면 불쾌한 골짜기를 넘어 인간과 굉장히 흡사한 외모와 행동을 하고 있습니다. 방송계에서 많은 활동을 펼치고 있는 가상 인간을 보면 인공지능 기술이 굉장히 발전했다는 것을 알 수 있습니다. 여러분의 생활 속에는 인공지능 기술이 얼마나 들어와 있나요?

도라에몽의 컴퓨터 연필이 실제로 생긴다면?

고양이형 로봇 '도라에몽'은 일본의 유명한 애니메이션입니다. 1995년에 처음 만들어진 이 애니메이션은 지금까지도 큰 인기를 유지하고 있습니다. '도라에몽'의 주인공 노진구는 게으르고 겁쟁이에다가 시험 성적은 항상 빵점인 소년입니다. 어느 날과 다름없이 진구가 방에서 뒹굴뒹굴하고 있는데, 책상 서랍에서 진구의 미래 손자와 미래 로봇 도라에몽이 튀어나옵니다. 진구의 미래 손자는 큰 빚으로 힘든 상황을 겪고 있었고, 그런 미래를 변화시키고자 미래 손자가 진구에게 도라에몽을 선물해 주고 갑니다.

도라에몽은 다양한 도구들을 주머니에 갖고 있습니다. "도라에모오옹 ~!" 하고 진구가 외치면 도라에몽은 항상 주머니에서 알맞은 도구를 꺼내 진구를 도와줍니다. 시험기간이 다가올 때면 많은 학생들이 진구처럼 "도라에모오옹"이라고 외치고 싶어합니다. 많은 학생들이 도라에몽의 '컴퓨터 연필'을 굉장히 탐냈을 겁니다. 이것만 있으면 시험 기간 걱정 끝! 어떤 문제든 빠르게 풀 수 있거든요. 여느 때와 다름 없이 진구는 졸다가 숙제를 다 하지 못했고 도라에몽에게 도움을 청했습니다. 도라에몽은 주머니에서 '컴퓨터 연필'을 꺼내 주었습니다. 컴퓨터가 내장되어 있는 컴퓨터 연필만 있으면 어떤 어려운 문제도 쉽게 풀 수 있거든요. 도라에몽이 꺼내준 컴퓨터 연필로 무사히 숙제를 마치고, 다음 날 있을 시험에서도 이 연필로 100점을 맞을 계획을 세웠습니다. 도라에몽은 그런 목적으로 사용하는 도구가 아니라면서 크게 화냈지만, 이를 무시하고 부모님께도 100점을 맞아 오겠다고 큰소리를 쳤습니다. 그러나 결국 고민 끝에 진구는 사용하지 않습니다.

컴퓨터 연필이 실제로 나에게 생긴다면 어떨까요? 여러분이라면 사용할 건가요? 앞에서 설명한 챗GPT를 나만의 컴퓨터 연필로 사용할 수 있지 않을까요? 실제로 챗GPT는 3분, 길게는 20분 만에 논문 하나를 뚝딱 완성한다고 합니다. 논문은 어떤 문제에 대해 연구한 내용을 체계적으로 정리한 글을 말합니다. 논문을 작성하기 위해서는 많은 자료 조사, 연구 활동이 필요하기 때문에 굉장히 까다로운 작업입니다.

그런데 전문가들은 과연 챗GPT가 쓴 논문과 사람이 쓴 논문을 구분할 수 있을까요? 미국 노스웨스턴 대학교 연구팀은 챗GPT를 이용한 의학 논문 초록(논문의 핵심 내용을 간단히 요약한 글) 50편과 사람이 쓴 원문 초록을 구별하는 실험을 했습니다. 실험에 참가한 연구원들은 챗GPT의 초록 가운데 32%를 사람이 쓴 것으로, 사람이 쓴 원문 초록의 14%를 챗GPT가 쓴 것으로 인식했다고 합니다. 연구팀은 챗GPT가 쓴 논문 초록을 표절 검사기로 점검해 보는 실험도 진행했는데, 모든 논문이 표절 검사기를 통과했다고 합니다. 이렇듯 전문가들과 기계조차도 AI가 작성한 글을 구분하지 못하자 과학자들 사이에서 우려가 커지고 있습니다.

만약 AI와 논문 빨리 쓰기 경연을 펼친다면 이길 자신이 있나요? 그렇다면 복잡한 수식의 수학 계산 대결은요? 지구상의 어떤 인간도 AI와 위 분야들에서 이길 수는 없을 겁니다. 그렇다면 AI 시대에 살아남기 위해 인간은 어떤 방향으로 성장해야 할까요?

2. 미래교육, AI와의 공존을 꿈꾸다

왜 인공지능 교육인가?

여러분들이 학교에서 배우는 내용은 누가 정하는 걸까요? 모든 초·중·고등학교에서는 교육과정을 기반으로 가르칩니다. 교육과정이란 교육기관에서 정하는 구체적인 교육 계획을 의미합니다.

교육과정은 2024년 현재까지 몇 차례 변화했을까요? 정답은 11번입니다. 2022년 12월 22일 교육부는 2022 개정 교육과정을 발표하였습니다. 2022 개정 교육과정은 우리나라의 11번째 교육과정이자, 7차 교육과정 이후 4번째 수시 개정 교육과정입니다. 2022 개정 교육과정은 '포용성과 창의성을 갖춘 주도적인 사람으로 성장'하도록 지원하는 것을 비전으로 제시하고 있습니다. 빠르게 변화하는 미래 사회에 대응할 수 있는 능력과 자신의 학습과 삶에 대한 주도성을 갖게 하는 것을 목표로 하고 있죠. 앞에서 언급한 것처럼 인간이 AI보다 모든 분야에서 우수할 수는 없습니다. 따라서 미래 세대가 인간이 가진 장점은 살리고 AI가 우세한 분야에서는 AI를 활용하여 슬기롭게 살아갈 수 있도록 교육해야 합니다.

소프트웨어, AI 등 디지털 산업이 빠르게 성장하고 있기 때문에 디지털 산업에서 일할 수 있는 사람이 앞으로 더 많이 필요할 것으로 예상됩니다. 2021년 산업부 산업 기술 인력 수급 실태 조사에 따르면 소프트웨어 인력 부족률이 다른 분야의 2~3배 수준이라고 합니다. 교육부는 이에 심각성을 느껴 현 시대를 '디지털 전환 시대'라고 이름 붙이고 디지털 교육 혁명을 목표로 하고 있습니다. 교육부는 2022년부터 2026년까지 향후 5년간 100만 디지털 인재 양성을 목표로 하고 있습니다. 2023년 대한민국의 인구는 몇 명일까요? 5,155만 명이 조금 넘습니다. 100만 명이면 전 국민의 약 2%를 의미하는데, 여기서 말하는 디지털 인재는 '전문가 수준의 인재'만을 의미하는 것이 아니라 삶과 전공 분야에서 디지털 기술을 자유롭게

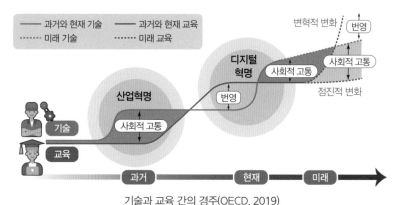

기술과 교육 간의 경주(OECD, 2019)
출처: 2022년 디지털 인재 양성 종합 방안 기본 계획(moe.go.kr)

적용할 수 있는 사람을 말합니다.

디지털 시대로의 전환은 필연적인 흐름입니다. 인공지능과 같은 디지털 기술의 발전은 사람들의 사고방식, 의사 결정, 고용과 노동 형태 등 미래 세대의 삶에 큰 영향을 미칠 것입니다. 앞 쪽의 그래프는 교육부에서 발표한 '2022년 디지털 인재 양성 종합 방안 기본 계획'에 나와 있는 내용입니다.

산업혁명이란 과학 기술의 발전으로 사회 경제 구조가 빠르게 변하는 현상을 의미합니다. 18세기 영국에서 시작되어 지금까지 총 4번의 산업혁명이 진행되었습니다.

제1차 산업혁명은 18세기에 영국에서 시작되었습니다. 이때 증기기관과 기계의 발달로 생산 기술이 크게 발달했습니다. 과거에는 사람이 하나하나 손으로 옷감을 짰지만 옷감을 짜는 방직기라는 기계가 생기면서 한꺼번에 많은 옷을 만들 수 있게 되었습니다. 기계가 발전하면서 영국 곳곳에서는 여러 명의 노동자가 모여서 일하는 공장이 생겨났습니다. 공장이 많이 만들어질 수 있었던 이유는 증기기관의 발명 덕분이었어요. 증기기관은 물을 끓여 만든 수증기로 기계를 움직이게 했습니다.

이후 19세기부터 전기를 동력으로 사용하면서 산업은 더욱 발달하였습니다. 이때 제2차 산업혁명이 일어났다고 말합니다. 전화기가 발명되어 통신 기술이 발달하였고, 석유를 이용한 내연기관이 발전되면서 자동차가 발명되어 교통 수단도 발달하였습니다.

제3차 산업혁명은 정보통신 기술의 발전으로 인해 일어났습니다. 제3차 산업혁명의 키워드는 컴퓨터, 인터넷, 통신 기술이에요. 인터넷과 통신 기술이 발전해 전 세계 사람들이 실시간으로 빠르게 정보를 주고받고 소통할 수 있는 환경이 되었어요.

현재는 제4차 산업혁명 시대라고 불립니다. 제4차 산업혁명 시대는 인공지능 기술이 핵심입니다. 인공지능 기술이 발전하면서 사물인터넷, 자율주행 자동차 등이 개발되고 있습니다.

이와 같이 기술이 빠르게 발전하자 기술의 발전 속도만큼 교육의 발전이 중요하다는 목소리가 커지고 있습니다. 새로운 기술을 통해 나라의 경제가 성장하기 위해서는 새로운 기술을 다룰 수 있는 사람들이 많이 있어야 합니다. 교육 제도가 제대로 갖추어져 있지 않을 경우 어떤 일이 발생할까요? 기술을 다룰 수 있는 사람이 필요한 일자리는 많은데 기술을 갖고 있는 사람의 수는 적을 것입니다. 그러면 회사는 소수의 유능한 기술자들에게 많은 돈을 주어야 합니다. 기술이 없는 다수의 노동자들에게는 적은 돈을 주고 일을 시킵니다. 그 사람이 그만두더라도 다른 사람으로 대체 가능하기 때문이죠. 소득의 불평등은 곧 큰 빈부격차를 만듭니다. 그 결과 여러 사회적인 문제가 발생하게 되고, 나라의 사회적 책임이 더욱 커지게 될 것입니다.

따라서 교육부는 기술의 발전 속도보다 빠른 교육 변화를 목표로 하고 있습니다. 2022 개정 교육과정 주요 내용 속 첫 번째 문장이 '미래 변화를 능동적으로 준비할 수 있도록 필요한 역량 및 기초 소양 함양 교육 강화'입니다. 교육부 홈페이지 속 정책 코너에 '디지털 교육 전환' 탭이 신설되었을 만큼 디지털 교육의 중요성이 점점 더 커지고 있습니다.

그렇다면 AI 교육이 들어온 교실, 무엇이 달라질까요?

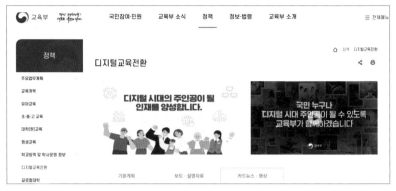

교육부 홈페이지 속 정책 코너의 '디지털 교육 전환' 탭

출처: 교육부 홈페이지

AI교육이 들어온 교실, 무엇이 달라질까?

✔ 종이 교과서가 사라진다?

두근두근 개학 첫날! 담임 선생님과 설레는 첫인사, 새로운 친구들과의 만남이 떠오릅니다. 그리고 새로운 학년이 되면 새 교과서를 배부 받습니다. 교과서 한 권 한 권 소중하게 이름을 적었던 기억이 떠오릅니다. 또 수업 시간에 교과서를 가져오지 않아서 선생님께 혼나고 옆 짝꿍과 함께 보기도 합니다. 교과서와 함께 열심히 공부하다 방학식이 되면 함께했던 교과서를 몽땅 가방에 넣고 무겁게 학교를 나섭니다.

그런데 머지않아 종이 교과서가 사라질지도 모릅니다. 앞으로는 점차 종이 교과서 대신 디지털 교과서를 사용한다고 합니다. 2025년부터 초등학교 3~4학년, 중학교 1학년, 고등학교 1학년부터 수학, 영어, 정보 과목을 시작으로 점점 적용 대상 학생과 과목이 늘어날 예정입니다. 왜 디지털 교과서를 사용하는 걸까요? 종이 교과서는 모든 학생들에게 동일한 자료를 제공합니다. 그러나 디지털 교과서는 보충 학습이 필요한 학생에게는 좀 더 기본 개념에 충실한 자료를 제공하고, 심화학습이 필요한 학생에게는 기본 개념을 활용할 수 있는 토론, 논술 등의 과제를 제공합니다. 새로운 교과서와 함께하는 수업은 어떨지 참 궁금합니다.

✔ 디지털 문해력이 뭐길래?

여러분은 태어나서 처음으로 말한 단어가 무엇인가요? 아마 대부분은 '엄마'나 '아빠'일 겁니다. 그런데 영국의 한 아기는 태어나서 처음 말한 단어가 '알렉사'였다고 합니다. 알렉사가 누구일까요? 알렉사는 바로 미국 IT 기업 아마존이 개발한 인공지능 스피커 '에코'의 이름입니다. "알렉사!"라고 부르면 인공지능 스피커 에코는 사용자의 음성 명령을 수행합니다. 아이폰의 '시리'나 갤럭시폰의 '빅스비'를 부른 셈이지요. 엄마도 아빠도 아닌 인공지능 스피커의 이름을 먼저 외쳤다는 이 이야기는 알파 세대를 잘 설명해 줍니다.

알파 세대는 스마트폰이 처음 출시된 2010년 이후 태어난 세대를 의미합니다. 알파 세대는 디지털 기기 사용에 익숙하다 보니 당연히 디지털 문해력 또한 높을 것으로 기대되었으나 사실 알파 세대를 향한 우려도 많습니다. 한국은 세계 최고 수준의 스마트폰 보급률과 인터넷 속도를 보유하고 있는 IT 강국이지만, 청소년의 디지털 문해력이 그만큼 높지는 않습니다. 우리나라 청소년들은 어렸을 때부터 디지털 기기를 접하는 시간은 많지만, 디지털 기기를 통해 글을 읽고 사실과 의견을 구분하여 제대로 이해

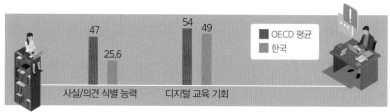

청소년의 디지털 문해력
출처: 교육부 디지털 인재 양성 종합 방안(OECD PIAAC, PISA)

하는 능력이 낮다고 합니다. 이 능력이 바로 디지털 문해력입니다.

디지털 문해력(디지털 리터러시)이란 디지털 환경과 미디어의 특성을 제대로 이해하여 정보의 사실 여부를 판단하고 이 정보를 통해 합리적으로 소통하는 능력을 의미합니다. 코로나-19 바이러스로 인해 원격 수업이 진행되어 학생들이 디지털 기기에는 익숙해졌지만 그것을 활용하는 디지털 문해력은 아직 부족합니다. 교육부는 이에 심각성을 느끼고 교육과정에서 디지털 문해력을 강조하고 있습니다. 디지털 문해력은 왜 중요할까요?

2022년 청소년 인터넷, 스마트폰 이용 습관 진단 조사 결과를 살펴보면 전년 대비 모든 학년에서 인터넷 스마트폰 과의존 위험군 비율이 증가했습니다. 눈에 띄는 점은 초등학교 4학년 학생 중 위험군이 가장 크게 증가했다는 것입니다. 그리고 초등학교 4학년 조사 참여자 중 96.5%가 스마트폰을 갖고 있다고 합니다. 그만큼 스마트폰을 처음 사용하는 연령도 낮아지고, 청소년의 스마트폰 사용률도 증가하고 있습니다.

어릴 때부터 디지털 환경에 익숙해진 청소년들은 정보를 주로 디지털 환경 속에서 얻습니다. '정보의 홍수'라고 불릴 정도로 미디어 속에는 수많

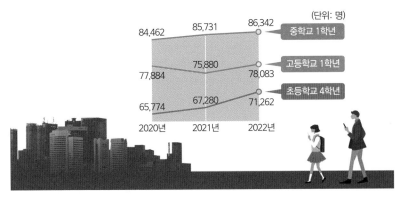

인터넷과 스마트폰 과의존 위험군 청소년
출처: 2022년 청소년 인터넷·스마트폰 이용 습관 진단 조사(여성가족부)

은 정보가 존재합니다. 정보 중에는 거짓 정보도 많기 때문에 수많은 정보 중 올바른 정보를 선별할 수 있어야 합니다.

여러분은 만약 "안녕하세요. ○○통신사입니다. 아래 양식에 당신의 개인정보를 입력하시면 새로운 스마트폰을 드립니다."라는 메일을 받는다면 어떻게 행동할 건가요? 실제로 2021년 OECD에서 학생들에게 유명 통신사를 사칭해 양식에 맞게 개인정보를 입력하면 스마트폰을 받을 수 있다는 링크를 보내 그들의 반응을 조사했습니다. 이 조사는 학생들의 정보의 사실 여부를 판단하는 능력을 알아보기 위해 진행되었습니다. OECD 회원국인 나라의 만 15세 학생들을 대상으로 진행했는데, 한국은 놀랍게도 최하위 집단으로 분류되었습니다. 많은 한국 학생은 별다른 의심 없이 개인정보를 입력했습니다. 누구나 쉽게 정보를 생성하고 유포할 수 있는 디지털 세상에는 허위 정보가 수없이 많습니다. 청소년들이 디지털 정보의 사실 여부를 제대로 판단하지 않고 그대로 받아들인다면 큰 문제입니다.

여러분들이 접할 수 있는 미디어 플랫폼은 다양해지고 있고 미디어에 대한 의존도 또한 높아졌습니다. 유튜브, 틱톡, 인스타그램 등 다양한 미디어 플랫폼을 통해 우리는 재미와 정보를 얻습니다. 2018년 미국 MIT 연구팀에 따르면 가짜 뉴스는 진짜 뉴스보다 6배 더 빠르게 확산된다고 합니다. 가짜 뉴스는 주로 조회수를 위해 유명 연예인들에 대한 자극적인 소식이나 세상에 대한 혐오적인 관점을 드러내는 경우가 많습니다. 예를 들어 유명 연예인의 사망이나 결혼, 특정 정치인이나 정당에 대한 비난 등의 가짜 뉴스가 미디어 플랫폼에 넘쳐납니다.

디지털 시대의 온라인 소통 방식에 잘 적응하기 위해서는 디지털 도구와 기술을 스스로 잘 활용할 수 있어야 합니다. 디지털 세상 속에서 접하게 되는 수많은 정보 중 올바른 정보를 선별하고, 자신의 의견을 디지털 매체를 통해 바르게 전달할 수 있어야 합니다. 교육부는 앞으로 학교 교육 과정과 연계하여 디지털 문해력을 기를 수 있도록 교육 환경을 구축할 계획이라고 합니다. 디지털 문해력과 관련된 다양한 강의, 박람회 등 교육 프로그램들이 많이 진행되고 있으니 다양한 경험을 쌓을 수 있도록 관련 정보를 탐색하여 적극적으로 참여해 볼 것을 권합니다.

3. AI로부터 청소년을 보호하라!

디지털 세상은 어떤 곳일까?

디지털 세상의 특징으로는 '연결성, 반영구성, 재생산성'이 있습니다. '연결성'이란 많은 사람과 동시에 소통할 수 있고 언제 어디서나 정보를 공유할 수 있다는 것을 의미합니다. 또한 디지털 세상은 '반영구성'이라는 특징도 가지고 있어 한 번 만들어진 자료는 그 모습 그대로 유지되기 때문에 디지털 자료를 생성할 때에는 신중해야 합니다. 그리고 '재생산성'이라는 특징을 갖고 있어 내가 만든 자료가 다른 사람들에 의해 무한대로 재생산될 수 있습니다. 디지털 세상 속의 다양한 사례를 살펴봅시다.

✔ 눈 깜박할 새에 퍼져 버리는 디지털 세상

일본의 한 매체에서 한국 유명 아이돌이 래퍼 출신 꽃미남과 연애를 하고 있다고 보도했습니다. 한국은 물론 일본에서도 큰 인기를 얻고 있던 아이돌이라 많은 사람들이 주목했습니다. 일본 매체에서는 해당 아이돌이 한 남성과 다정하게 찍은 사진을 그 증거로 게시했습니다. 많은 사람들은 별 의심 없이 받아들였죠. 하지만 알고 보니 그 사진은 아이돌의 팬이 커플인 것처럼 합성한 사진이었습니다. 합성된 사진의 남성 역시 이 사실을 알고 황당해했다고 합니다.

이처럼 정보가 국경을 넘어 연결되고, 잘못된 정보임에도 빠르게 재생산되어 퍼지기에 디지털 자료를 만들 때에는 신중해야 합니다. 인공지능 기술이 발전하면서 사진은 물론 영상까지 감쪽같이 합성해 내는 딥페이크 기술이 많은 관심을 받고 있습니다. 요즘은 앱을 이용하여 누구나 쉽게 딥페이크 영상을 만들어 낼 수 있습니다. 그러나 이 기술에는 빛과 그림자가 공존합니다.

✔ 얼굴도 훔칠 수 있나요?

여러분들의 물건을 누군가가 훔쳐 간 경험이 있나요? 아주 끔찍한 경험이겠죠. 만약 누군가 여러분의 얼굴을 나도 모르는 사이에 훔쳐 간다면 얼마나 두려울까요? 얼마 전 중학생 A씨는 친구가 보내 준 의문의 사진 1장을 받았습니다. 음란물에 A씨의 얼굴을 합성한 영상을 캡처한 사진이었습니다. 친구의 아는 사람인 고등학교 2학년 B씨는 A씨가 과거 SNS에 올린 사진을 사용해 음란물에 합성했습니다. B씨는 사진을 합성한 것을 넘어 다른 SNS에 A씨와 사귀었다고 가짜 뉴스까지 전파했습니다.

2021년 국가수사본부에서 조사한 결과, 딥페이크 불법 영상물을 만들어 성폭력처벌법 위반 혐의로 검거된 사람 중 69.1%가 10대였다고 합니다. 뿐만 아니라 피해자 중 57.9%가 A씨와 같은 19세 미만 청소년이었습니다. 딥페이크 기술을 이용한 불법 영상물 제작은 경찰 수사 대상이고 명백한 범죄이지만, 아직도 심각성을 모르는 청소년들이 많습니다.

✔ 소중한 사람을 되찾게 해 줘요

SBS 〈그것이 알고싶다〉 프로그램은 딥페이크 기술을 이용해 2003년 실종된 아동 모영광 군이 현재 성인이 된 모습을 구현하였습니다. 2003년 10월 10일, 모영광 군은 어린이집에서 부산의 사찰로 소풍을 갔다가 실종되었습니다. 20년이 지난 지금까지도 여전히 가족들은 애타게 그를 찾고 있습니다. 프로그램 제작진이 만든 딥페이크 영상 속 모영광 군은 성인이 된 모습으로 눈을 깜빡이고 고개를 돌릴 뿐 아니라 목소리까지 데이터를 통해 만들어졌습니다.

2022년 영국에서도 딥페이크 기술을 활용하여 실종 아동 찾기 캠페인을 진행했습니다. 광고 스크린 속 실종 아동은 사람들이 지나갈 때마다 눈이나 고개를 움직입니다. 지나가던 사람들은 멈춰서서 주의 깊게 살펴보았습니다. 앞으로 딥페이크 기술을 실종 아동 찾는 데 활용한다면 좀 더 많은 아이들이 가족들의 품으로 돌아갈 수 있지 않을까요?

✔ 보고 싶은 사람을 만나게 해 줘요

국방부는 순국한 장병의 유가족을 위로하기 위해 딥페이크 기술을 활용한 프로젝트를 준비했습니다. 박소령은 전투기를 타고 야간 비행 훈련을

딥페이크 기술을 활용한 만남
출처: 국방홍보원, 〈그날, 군대 이야기〉

하는 도중 추락 사고로 순직했습니다. 박소령이 생전에 출연한 다큐멘터리 등을 토대로 제작된 박소령의 영상을 보고 어머니는 눈물로 말을 잇지 못했습니다. 박소령은 어머니에게 "저는 원하는 일을 하다 왔으니까 여한이 없어요. 엄마가 계속 속상해하지 않으셨으면 해요."라고 말하며 위로했습니다.

✔ AI 프로필을 아시나요?

한 카메라 애플리케이션 회사는 'AI 프로필' 기능을 출시했습니다. 자신의 얼굴 사진 10~20장을 앱에 올리면, 인공지능이 학습한 후 사진관에서 찍은 것처럼 예쁘게 프로필 사진을 만들어 줍니다. 이 서비스를 이용하려면 2,000~5,000원의 금액을 지불해야 하지만 인기가 굉장히 많습니다. 사진관에 가지 않아도, 예쁜 옷을 갖춰 입지 않아도, 집에서 손쉽게 프로필 사진을 찍을 수 있다는 점이 흥미롭습니다.

디지털 세상 속, 우리는 디지털 시민일까?

디지털 세상 속에서 나는 어떤 사람인가요? 디지털 세상에서는 현실과 다른 모습으로 살아가고 있나요?

최근 '디지털 시민성'이 미래 사회에 필요한 역량으로 크게 강조되고 있습니다. 디지털 시민성이란 디지털 시대에 시민으로서 갖추어야 할 바람직한 역량을 의미합니다. 여기서 말하는 바람직한 역량이란 디지털 시대에 좀 더 책임감 있고 자율적으로 참여할 수 있는 능력을 의미합니다. 디지털 시민성에 대한 정의는 다양하지만 공통적으로 디지털 기술 사용 능력과 디지털 기술 사용 태도를 포함하고 있습니다.

바람직한 디지털 시민이 되기 위해서는 어떻게 해야 할까요? 디지털 세상에서 우리는 많은 사람들과 소통합니다. 다양한 SNS 플랫폼을 통해 성별, 나이, 국적을 넘어서 나와 관심사가 같은 사람들과 연결되고 정보를 공유합니다. 스마트 기기만 있다면 언제 어디서나 원하는 정보와 지식을 얻을 수 있습니다. 만나지 않아도 쉽게 친구와 연락할 수 있으며 다양한 인간관계를 맺을 수도 있습니다.

그러나 지나치게 넓어진 인간관계로 인한 피로감, 잘못된 의사소통 방식으로 인한 갈등 등 SNS의 부정적 영향력에 대한 우려도 높습니다. '익명성'이라는 가면 뒤에서 말을 험하게 하는 등 사이버 예절을 지키지 않는 사람들이 많습니다. 그리고 사실 여부와 관계없이 모든 소문이 아주 빨리 퍼집니다. 내가 원하지 않는 사람에게도 나의 사생활이 공개되기도 하고, 나를 잘 모르는 사람이 나의 SNS 속 일부 모습만 보고 쉽게 이야기할 수 있습니다.

디지털 세상에서 올바르게 소통하기 위해서는 서로가 예절을 지키고 존중과 배려의 자세를 가져야 합니다. 한 번 정보를 생성하면 삭제하기 어렵기 때문에 정보를 게시하기 전 개인정보 노출 여부, 내 정보를 볼 수 있는 사람이 누구인지, 이 정보로 인해 상처 받는 사람은 없는지 등을 신중하게 생각해 보아야 합니다. 내 개인정보가 중요한 만큼 SNS 속 다른 사람의 사진이나 글을 허락 없이 마음대로 저장하거나 유포해서는 안 됩니다.

마지막으로 수많은 정보 속에서 좋은 것과 나쁜 것을 구분할 수 있는 능력이 필요합니다. 청소년에게 유해한 정보는 피하고 나에게 도움이 되고 믿을 수 있는 정보만을 받아들여야 합니다. 미디어가 제공하는 알고리즘에만 의존하기보다 스스로 필요한 정보를 찾아보고 정보를 다양한 관점에서 바라보는 자세를 가져야 합니다.

소셜 미디어의 발달은 디지털 사회를 다양하게 만들었습니다. 우리가 다양성을 인정하고 서로를 존중하는 자세로 디지털 세상에 참여할 때 디지털 시민으로 거듭날 수 있습니다. 여러분은 디지털 시민인가요?

AI는 과연 도덕적일까?

기업에서는 AI 기술을 어떻게 활용하고 있을까요? 많은 기업에서 AI 기술을 도입하기 위해 활발하게 연구하고 있습니다. AI 기술을 활용하면 업무 효율성과 생산성 모두 높일 수 있기 때문입니다. 그러나 여러 순기능과 더불어 윤리적인 부분이 문제로 제기되고 있습니다. 기업은 어떤 AI 윤리 문제를 겪고 있을까요?

✔ 구글포토에서는 고릴라를 검색할 수 없다?

구글포토는 사용자가 사진을 분석해 자동 분류해 주는 기능입니다. 예를 들어, 고양이 사진들에는 고양이 태그를, 강아지 사진들에는 강아지 태그를 붙여 분류해 줍니다.

2015년 미국에서 일어난 일입니다. 한 미국 남성이 찍은 사진들이 구글포토에서 자동으로 분류되었는데, 문제는 그와 그의 흑인 친구가 함께 찍은 사진에 구글포토가 '고릴라'라는 태그를 달았다는 것입니다. 단지 피부색이 검다는 이유로 잘못된 알고리즘 결과가 나온 것이지요. 고릴라는 흑인을 비하할 때 사용하는 단어입니다. AI는 사람이 제공하는 데이터를 학습해서 알고리즘에 의해 결과 값을 이야기합니다. AI를 학습시키는데 백인 남성과 관련한 데이터가 더 많다면 백인에 대한 인식률이 더 높아지는 것입니다. AI가 어떤 정보를 제공 받느냐에 따라서 누군가에게는 우호적이고 누군가에게는 편견을 갖고 판단할 수 있습니다. AI는 감정에 치우치지 않고 공정하게 행동할 것이라고 생각했는데 의외지요?

8년이 지난 지금 구글포토는 고릴라를 제대로 분류할까요? 8년이 지난 지금도 구글포토에서 '고릴라'라고 단어를 입력하면 관련된 사진이 뜨지 않습니다. 구글은 알고리즘에서 아예 '고릴라'라는 단어를 삭제해 버렸습니다.

✔ 인공지능은 공정한 채용자가 될 수 있을까?

미국의 유명 기업 아마존은 AI를 활용한 채용 프로그램을 개발하려고 했습니다. AI 채용 프로그램은 지원자들의 이력서를 보고 1~5개의 별점을 부여하도록 만들어졌습니다. 예를 들어 100개의 이력서를 인공지능이 보고 상위 5개의 이력서를 추천해 주는 형식입니다. 2014년부터 개발되기 시작한 이 프로그램에서 1년이 지난 2015년 커다란 결함이 발견되었습니다. AI가 추천한 지원자의 대부분이 남성이었던 것입니다. '여성'이라는 단어가 들어가거나 '여자대학교'를 나온 지원자의 원서는 모두 추천 대상에서 제외되었습니다. 지금까지 남성 지원자의 수가 훨씬 더 많았기 때문에 축적된 데이터에 의해 인공지능이 '남성 편향적'으로 서류를 분류한 것입니다. 프로그램 개발자들은 이 문제를 해결하기 위해 노력했지만 뚜렷한 방법을 찾지 못해 결국 자체적으로 폐기했습니다.

✔ 지나치게 친절한 알고리즘

"앱이 다른 회사의 앱 및 웹사이트에 걸친 사용자의 활동을 추적하도록 허용하겠습니까?"

아이폰에서 새로운 앱을 다운로드하여 실행하면 가장 먼저 뜨는 알림입니다. 애플은 사용자의 동의를 받아야만 앱 개발 회사들이 사용자의 데이터를 수집할 수 있도록 하는 '앱 추적 투명성' 기능을 도입했습니다.

인터넷 검색창에 가방을 검색하고 나면 잠시 뒤 여러분의 SNS 피드에 다양한 가방 광고들이 뜨는 경험해 본 적 있나요? 이 기능이 생긴 이후부터 앱 개발 회사들은 이용자의 개인정보, 접속 기록, 앱 사용 내역 등을 전달 받지 못하게 되었습니다. 이 기능이 도입된 후 일부 SNS 앱 회사들은 큰 타격을 입었습니다. 이용자의 개인정보를 활용해 그들이 관심을 가질 만한 광고를 제공하는 타깃 광고 서비스를 더 이상 진행하기 어려워졌기 때문입니다.

✔ 인공지능 시대, 바람직한 AI 윤리는 무엇일까?

여러 기업에서 AI 활용이 늘어나면서 윤리적 문제, 개인정보 침해 등 다양한 우려들이 제기되고 있습니다. 2020년 정부는 인공지능 윤리 기준을 발표했습니다. 사람 중심의 인공지능을 위해 '인간성'을 최고 가치로 설정했습니다. 그리고 '인간성'이라는 가치를 지키기 위해 3대 기본 원칙을 제시했습니다.

첫 번째는 인간의 존엄성입니다. 인공지능은 인간의 정신적, 신체적 건강에 위협이 되지 않는 범위에서 개발 및 활용되어야 합니다.

둘째로, 사회의 공공선 원칙을 지켜야 합니다. 공공선 원칙이란 개인이 아닌 공동체의 안녕과 행복의 가치를 추구해야 한다는 것을 의미합니다. 그렇기에 소외되기 쉬운 사회적 약자와 취약 계층도 쉽게 접근할 수 있도록 개발 및 활용되어야 합니다.

세 번째로 기술의 합목적성 원칙입니다. 기술의 합목적성 원칙이란 인공지능 기술은 인류의 삶에 필요한 도구라는 목적에 맞게 개발 및 활용되어야 하고, 그 과정도 윤리적이어야 한다는 것입니다. 정부뿐만 아니라 국내외 기업에서도 자체적으로 윤리 기준을 세워 AI 윤리 수칙을 지키기 위해 노력하고 있습니다.

4. AI와 함께하는 슬기로운 소비생활

나만의 쇼핑 비서, AI

여러분은 옷을 살 때 주로 어디서 사나요? 예전에는 직접 옷 가게에 가서 옷을 입어 보고 사는 경우가 많았습니다. 그런데 요즘은 집에서도 스마트폰만 있으면 손쉽게 옷을 살 수 있습니다. 한 국내 쇼핑 플랫폼에서 고객들의 쇼핑 데이터를 분석한 결과 2023년 상반기 사용자가 가장 많이 쇼핑한 요일과 시간대는 수요일 밤 9~11시라고 합니다. 일과를 마치고 잠들기 전 혼자 쇼핑하는 사람들이 크게 증가한 것입니다. 늦은 밤 침대에 누워 포털 사이트에서 운동화를 검색하면 잠시 후 SNS에는 운동화 관련 광고들이 올라오고 유튜브에서는 운동화 추천 영상들이 피드에 올라옵니다. 친절한 알고리즘은 나의 생활을 편리하게 해 주지만 때로는 알고리즘이 도대체 나에 대해 얼마나 알고 있는 것일까 싶어서 섬뜩하기도 합니다.

이 알고리즘을 활용한 패션 플랫폼들이 큰 인기를 얻고 있습니다. 패션 플랫폼에는 여러 쇼핑몰이 모여 있어 편리합니다. 패션 플랫폼은 AI 알고리즘을 활용해 소비자가 최근 구매했거나 검색한 상품, 검색 빈도, 상품 페이지 체류 시간 등을 분석해 개인 맞춤형 상품을 추천해 줍니다. 예를 들어 목걸이를 사려고 목걸이를 자주 검색한 사람의 앱에는 액세서리 제품이 우선순위로 노출되게 됩니다.

챗GPT와 같은 대화형 고객 응대 서비스가 적용된 쇼핑몰도 생겼습니다. 모바일 앱 하단의 쇼핑 AI를 클릭하면 마치 비서처럼 원하는 질문에 대한 답을 해 줍니다. 예를 들어, '여름에 입기 좋은 원피스 추천해 줘.'라고 질문하면 쇼핑 AI는 '여름에 입기 좋은 원피스로는 …를 추천해 드릴 수 있어요. 두 상품 모두 편안한 소재로 시원하게 입을 수 있으며 ….' 이런 식으로 자세하게 답을 합니다. 또한 쇼핑 AI는 구매자가 원하는 스타일의 상품들을 구체적으로 제시하여 소비자가 손쉽게 상품을 구입할 수 있도록 돕습니다. 마치 나만의 쇼핑 비서처럼 행동하는 AI가 참 기특합니다.

AI의 등장으로 높아진 온라인 매장의 인기, 오프라인 매장의 생존 전략을 찾아라!

많은 기업이 오프라인에서 온라인으로 매장을 이동하고 있습니다. 특히 코로나-19 바이러스의 확산으로 인해 많은 사람들이 외출을 자제하고 집에서 보내는 시간이 늘자 오프라인 매장의 매출이 크게 감소했습니다. 산업통상자원부가 2021년 발표한 국내 주요 유통업체의 매출을 살펴보면 코로나–19가 대유행했던 2020년 오프라인 매출은 5.6% 감소한 반면, 온라인 매출은 17.5% 증가했습니다.

기업 입장에서 온라인 매장은 매장 임대료나 직원 인건비가 들지 않기 때문에 선호하는 운영 방식입니다. 적은 비용이 드는 만큼 고객에게 좀 더 저렴한 가격으로 제품을 선보일 수 있습니다. 고객들 역시 매장 휴무일을 신경 쓰지 않고 원하는 시간에 편하게 쇼핑할 수 있으며, 크고 무거운 물건도 직접 들고 올 필요가 없어서 온라인 매장 이용을 더 선호하기도합니다.

온라인 매장과 비교했을 때 오프라인 매장의 장점은 물건을 직접 보고 구매할 수 있고, 구입 즉시 물건을 바로 사용할 수 있다는 것입니다. 그런데 요즘은 온라인 쇼핑몰에서도 당일 배송 서비스가 활성화되어 오전에 주문해도 그날 오후에 바로 받아볼 수 있으니 기다려야 하는 불편함이 사라졌습니다.

그렇다면 어떻게 소비자들을 다시 오프라인 매장으로 유입시킬 수 있

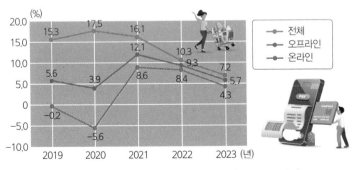

2019~2023년 상반기 매출 증감률 추이(전년 동기 대비)
출처: 산업통상자원부

을까요? 유통업계는 이미 답을 찾은 듯합니다. 아래의 그래프를 살펴보면 2021년에는 오프라인 매장의 매출이 오히려 증가했습니다. 단순히 물건을 제공하는 것으로는 온라인 매장을 이길 수 없습니다. 따라서 오프라인 매장에서는 다양한 체험 공간을 만들어 사람들을 불러 모으는 전략을 추진하고 있습니다. 일명 '커넥팅 마케팅'을 활용한 기업들이 많아진 것입니다. 커넥팅 마케팅이란 브랜드나 제품을 소비자와 새로운 경험을 통해 연결하는 마케팅을 의미합니다.

기업은 팝업 스토어를 통해 소비자들에게 특별하고 즐거운 경험을 제공하여 제품에 대한 긍정적인 이미지를 심어 줄 수 있습니다. 또한 유명 아이돌을 브랜드 모델로 사용하거나 캐릭터를 이용한 패키지, 굿즈 등을 출시하여 사람들의 관심을 끌고 있습니다. 이번 주말에는 팝업 스토어로 나들이를 가 보는 건 어떨까요?

8교시

AI와 함께라면, 세계시민도
문제 없어!

The real problem is, when will we write the Bill of Rights for artificial intelligence?
What will it consist of? And who will decide it?

"진짜 문제는, 우리가 언제 인공지능 권리장전을 작성할 것인가? 하는 것이다.
권리장전은 어떤 내용으로 구성될 것인가?
그리고 누가 그것을 (최종적으로) 결정할 것인가?

– Gray Scott –

1. AI로 지구를 지킬 수 있을까? Yes!

AI를 활용하여 지구를 지킬 수 있는 방법이 있을까요? 단순하게 AI를 활용하여 글을 쓰고, 그림 그리는 것을 넘어서 가치 있는 활동에 동참해 보는 것은 어떨까요? 최근 기후 위기 문제로 인해 지구가 몸살을 앓고 있다는 이야기를 많이 들어 보았지요? '탄소 중립 실천, 기후 행동, 1.5℃ 지구를 위한 멈춤, 지구의 날'이라는 문구도 한 번쯤 들어 보았을 것입니다. 기후 위기로 인해 지구의 환경 문제가 더욱 심각해지지 않도록 일상생활에서 환경을 위한 행동을 실천해 봅시다. 인공지능과 함께요!

AI 활용법을 익혀서 지구의 미래와 행복을 위한 특별한 미술 작품을 그리고, 가상의 미술 전시회를 개최해 보는 것은 어떨까요? AI를 활용하면 메타버스 공간에 가상의 미술관을 만들어 기후 위기 문제에 대한 경각심을 가지고 대처하자는 의미를 전달할 수 있습니다.

다음의 그림들은 모두 AI 기술을 활용하여 그린 탄소 중립 포스터입니다. 이 그림을 그린 학생들의 꿈은 저마다 다르지만 각 학생들에게는 3가지의 공통점이 있습니다.

첫째, 이 그림을 그리기 전까지 AI 전문 기술이 없었다는 점,

둘째, 미술을 전공하지 않았다는 점,

셋째, 그럼에도 단 10분 만에 그림을 완성했다는 점입니다.

완성도 높은 그림 실력이 놀랍지 않나요?

기후 위기에 대해 청소년이 목소리를 낼 수 있는 방법에는 여러 가지가 있습니다. 그중에서도 AI를 활용하여 그림을 그리는 과정을 통해 탄소 중립 실천의 의지를 다짐하면서, 학생들은 다음의 두 가지 가치관을 지니게 되었습니다.

첫째, AI 기술의 발전 속도보다 더 중요한 것은 바로 '인간'이라는 것입니다. 즉, AI를 학습시키고, 원하는 결과를 도출해 내기까지. 그 어느 때보다 정교한 인간의 창의력이 요구됩니다.

둘째, 세계시민으로서 세상을 바라보는 올바른 가치관을 갖추어야 한다는 점입니다. 즉, 기술 발전의 풍요로움을 가치 있게 활용해야 한다는 가치관을 지녀야 합니다. AI 기술을 이용한 예술 작업을 통해 전 인류를 향해 지구를 구하기 위한 노력을 하자는 메시지를 전해 봅시다.

비전문가인 청소년들이 AI를 활용하여 그림을 그리고, 'AI 융합 탄소 중립 미술관'이라는 온라인 공간에 전시했던 작품 몇 점을 소개합니다.

/imagine prompt: Draw me a picture of a polar bear turned into a demon holding plastic.

현재 지구가 겪고 있는 기후 변화는 우리 모두에게 큰 위협이 되고 있습니다. 더 이상 눈을 감거나 방치할 수 없는 문제입니다. 인간의 창의성과 AI의 기술이 결합하면 어떤 결과물이 탄생할까요? AI와 예술 그리고 환경이라는 주제의 협업이 만들어 낸 AI 융합 탄소 중립 전시회, 참 근사하지 않나요?

생성형 AI 중 하나인 ASKUP에게 '환경오염으로 고통받는 펭귄을 그려 줘.'라는 요청을 했습니다. 그 결과로 완성된 작품을 보며 이 학생은 너무 먹먹하여 한동안 말을 잇지 못했답니다. 해저에 뒤덮인 쓰레기 앞에 선 두 마리의 펭귄이 인간에게 전하는 메시지는 '환경을 보호하자.'는 백 마디의 말보다 더 깊은 울림을 줍니다.

이 그림은 이미지 생성형 AI인 '미드저니'를 활용하여 '캐나다 산불 현장에 있었던 코알라의 심경을 그려 줘.'라고 요청하여 완성된 그림입니다. 구조대원이 되어서라도 직접 숲을 구하고 싶었을 코알라의 메시지가 전해지지 않나요? 기후 위기로 초래된 캐나다의 대형 산불 문제에 경각심을 줄 수도 있는 작품으로 평가됩니다.

이 그림은 2019년 호주에서 시작되어 무려 6개월 동안 지속된 사상 최악의 산불 사태에 대하여 그린 그림입니다. 기후 위기에 대하여 지구가 전 인류에게 보내는 일종의 경고라는 메시지를 담은 작품입니다.

AI를 활용하여 만족할 만한 결과물을 얻어 내기 위해서는 AI에게 질문을 '잘해야' 합니다. 질문을 잘한다는 것은 인간의 창의성을 바탕으로 좋은 질문을 해야 한다는 것을 의미합니다. 인간의 창의성을 기반으로 한 질문의 기술이 있다면 AI와 공존하며 슬기롭게 미래를 즐기는 해법을 찾을 수 있을 것입니다.

이 그림을 완성하기 위해 요청한 프롬프트(질문)는 'Draw me a picture of a polar bear turned into a demon holding plastic.'이었습니다. 단순히 '곰을 그려 줘.'라고 질문하는 것보다 훨씬 더 수준 높은 결과물이 완성될 수 있었습니다. 질문을 얼마나 구체적으로 하느냐에 따라 결과물의 완성도 또한 높아집니다.

AI가 등장한 이후의 시대에 인간의 역할은 단순히 기계적으로 무엇인가를 요청만 하는 것이 아닙니다. 폭넓은 사고력을 바탕으로 수준 높은 질문과 요청을 하여 원하는 결과를 얻어낼 수 있도록 하기 위해서는 고차원적인 창의성이 요구됩니다.

기상 이변으로 인한 대홍수, 지구 온난화로 인한 빙하 감소, 화석 에너지 사용 증가에 따른 전력난 등 이 모든 기후 위기는 먼 미래의 이야기가 아닌, 현재 우리 인류에게 닥친 문제이지요. AI를 활용한 작품들은 기후 위기의 심각성을 되짚어 보고 즉각적인 대응 노력이 필요함을 다시 한번 일깨워 주는 역할을 합니다.

AI 기후 위기 포스터를 제작한 학생은 참여 소감을 이렇게 전했습니다. "저는 AI를 잘 알지 못했습니다. 그림도 잘 못 그리는 학생이고요. 그런데 수업 시간에 AI를 조금만 배우면 AI를 몰라도, 그림을 못 그려도 이렇게 그림으로 생각을 표현할 수 있어서 매우 뿌듯했습니다."

여러분들도 친구들과 함께 서로의 질문과 결과를 비교해 보며 탄소 중립을 실천해야겠다는 다짐을 해 보는 것은 어떨까요?

이 그림은 지구 온난화로 인해 고통받는 북극곰이 폐플라스틱 등 쓰레기 때문에 2차적인 고통을 받는 것을 표현한 작품입니다. 고통스러워하면서도 엄중하게 인류에게 경고하는 북극곰의 표정을 한참 동안 바라보게 되지 않나요?

질문의 깊이를 점차 심화시켜 가면서 AI 도구를 활용하는 과정에서 학생들은 "제가 지금 꿈꾸는 미래에 대한 꿈의 깊이가 더 커진 것 같아요. AI를 활용하면 미래에 할 수 있는 일들이 다양해질 것 같아요."라고 말하곤 합니다. 여러분 중에도 '지구를 생각하는 AI 그림 작가'라는 새로운 도전을 꿈꿔 보는 학생이 있을지도 모르겠습니다.

학생들의 활동 결과물을 모아 보니 북극곰, 펭귄, 고래 등 바다 동물에 대해 그림을 그린 학생들이 아주 많았습니다. 그림을 자세히 들여다보면서 질문에 따라 답변 결과가 어떻게 달라지는지 비교해 보는 것도 작품을 감상하는 또 다른 방법이 됩니다. AI는 매번 새로운 결과물로 우리 인류를 놀라게 하고 있습니다.

오염된 바다에서 플라스틱 쓰레기로 고통받는 거북이 그려줘

이 작품은 '오염된 바다에서 플라스틱 쓰레기로 고통 받는 거북이를 그려 줘.'라고 요청하여 완성한 작품입니다. AI로 그림을 저장한 후에 이미지 편집 사이트(미리캔버스, 캔바 등)에서 2차적으로 작업을 하여 얻어낸 결과물입니다. 자연을 상징하는 푸른 잎 액자로 이미지를 연출하여 바다거북이를 보호해 주자는 의미를 담았습니다.

학생들은 저마다 각자가 좋아하는 고양이, 토끼, 사슴을 기후 위기 작품에 등장시켰습니다. 보호 받아야 할 동물들이 기후 위기로 인해 고통 받지 않도록 당장 지구를 구하기 위한 행동을 실천하자는 메시지가 AI 덕분에 더욱 효과적으로 전달될 수 있었습니다.

이 작품은 나무늘보의 온화한 미소 뒤에 산불을 표현하여 기후 위기에 대한 위기감을 잘 와닿게 한 작품입니다. 그림 가까이 다가와 바라보세요. 나무늘보의 털 하나하나가 잘 묘사되었지요? 그림 실력이 없는 여러분도 모두 만들어 낼 수 있는 이미지랍니다.

미드저니는 AI 그림 툴로 많이 사용되는데, 자세한 묘사와 창의적인 표현력이 가능한 툴이랍니다. 이 작품을 통해 폐플라스틱으로 고통받는 바다 거북을 꼭 구해 주자는 메시지를 전달할 수 있습니다.

이 작품들은 다음의 문장을 통해 완성되었습니다.
"testudines in the ocean trash relating with environment the style of reality concept art."

알바트로스라는 새는 '바보 새'라고
도 불립니다. 날개가 너무 커서 땅 위
에서는 뒤뚱뒤뚱 걸어 다니기 때문
에 생긴 별칭이지요. 알바트로스가
걸을 때 넘어지지 않도록, 바다에 쓰
레기가 하나도 없었으면 좋겠습니다.

쓰레기로 뒤덮인 바다에 사는 거북
이는 어떤 생각을 하며 헤엄을 치고
있을까요? 예고 없이 찾아온 쓰레기
들을 바라보는 거북이의 눈빛이 슬
프게 느껴집니다.

2. AI와 함께 작성한 '청소년 세계시민 선언'

챗GPT 혹은 ASKUP, COPILOT 등의 생성형 인공지능과 협업하여 청소년 기후 행동 선언문을 작성해 보는 것은 어떨까요?

요즘 전 세계적으로 쟁점이 되고 있는 생성형 AI인 챗GPT를 이용하여 빠르게 변화되는 미래 기술을 주도적으로 습득하고, 미래의 변화를 주도하여 지속가능한 발전에 기여하는 리더가 되겠다는 다짐까지 선언문에 담아 발표하는 활동에 참여해 봅니다.

챗GPT로 써 보는 청소년 세계시민 선언

미래 기술은 우리가 살아가는 세상을 크게 바꿀 것입니다. 그래서 우리는 빠르게 적응하는 능력을 갖추어야 합니다. 기술의 발전과 함께, 우리는 더 많은 선택과 기회를 얻을 수 있습니다. 하지만 이러한 기술은 책임도 따른다는 것을 인식해야 합니다. 이런 취지에서 〈청소년 기후 행동 선언문〉을 선포합니다.

첫째, 시대적 책임을 다하며, 지속가능한 발전 목표를 이행하는 세계시민으로 성장하겠습니다.

둘째, 탄소 중립을 실천하여 지구를 지속가능한 삶의 터전으로 만드는 데 동참하겠습니다.

셋째, 단순히 지구의 문제를 인식하는 것을 넘어서, 디지털 윤리를 준수하는 민주 시민, 미래 사회에 기여하는 성숙한 구성원으로 성장하겠습니다.

우리 모두 함께, 기후 위기를 극복하는 세계시민이 되어, 더 나은 미래를 만들어 나가도록 노력합시다.

여러분의 마음을 모아 함께 외쳐 주세요!

- 학생: 공존을 위한 동행!
- 청중: 공존을 위한 동행!
- 학생: Together for tomorrow!
- 청중: Together for tomorrow!

3. AI 시대의 슈퍼 히어로, 디지털 리터러시!

　디지털 리터러시(digital literacy)란 디지털 시대에 필수적으로 요구되는 정보 이해 및 표현 능력을 뜻하는 단어입니다. 디지털 리터러시는 디지털 콘텐츠를 소비하는 것에서부터 콘텐츠를 분석하고 생산하는 능력 모두를 포함합니다. 최근에는 디지털 리터러시를 디지털 기술과 커뮤니케이션 도구로 적절하게 정보에 접근하여 관리·통합·분석·평가하며, 새로운 지식을 구성·창조하고 타인과 소통할 수 있는 태도로 정의하게 되었습니다. 즉, 디지털 기술 자체에 대한 이해와 더불어 디지털 기술을 활용한 지식 창출과 타인과의 소통이 강조되고 있습니다.

　또한 의사소통 능력뿐 아니라 문제 해결력, 비판적 사고 등의 역량 중심으로 디지털 리터러시를 바라보기도 합니다. 이와 유사하게 디지털 리터러시를 '디지털 사회 구성원으로서 자주적 삶을 위해 필요한 기본 소양으로, 윤리적 태도를 가지고 디지털 기술을 이해·활용하여 정보를 탐색하거나 관리, 창작하는 과정을 통해 문제를 해결하는 실천적 역량'이라고 주장하는 견해도 있습니다.

AI 시대에 왜 디지털 리터러시가 중요할까요? 디지털 리터러시란 컴퓨터, 스마트폰, 태블릿 같은 디지털 기기와 그 관련 기술을 잘 사용하는 능력을 의미합니다. 그런데 여기에는 단순하게 기기를 켜고 끄는 것뿐만 아니라, 정보를 찾고, 올바르게 이해하며, 윤리적으로 바람직하게 잘 사용하는 것도 포함됩니다. 여러분이 인터넷이라는 무한한 정보의 바다에서 항해하는 선장이라면, 어떻게 해야 '인터넷, 스마트폰, AI'라는 배를 잘 운행할 수 있을까요? 바로 수많은 정보 속에서 올바른 정보를 찾고, 가치 있게 활용해야 안전하게 원하는 목적지에 도착할 수 있겠지요? 디지털 리터러시를 갖추고 있는 사람들은 인터넷상의 잘못된 정보나 가짜 뉴스를 걸러낼 수 있습니다.

미래 학습자가 갖추어야 할 자질에 대한 연구에 따르면 정보 리터러시, 미디어 리터러시, 정보통신 기술(ICT) 리터러시를 통합하여 '디지털 리터러시'라고 부르고, 이를 미래 학습자에게 필요한 핵심 역량이라고 제시한 바 있습니다. 유네스코 및 OECD에서도 미래의 학교에서는 디지털 리터러시 역량을 키우는 것이 더욱 중요하게 다루어져야 한다고 밝혔습니다.

기술 및 사회 변화의 속도가 빨라지는 요즘, 사회가 필요로 하는 인재는 '새로운 문제 상황이 생겼을 때 유연하게 대응하고 변화를 두려워하지 않으며, 변화에 빠르게 적응하여 합리적인 해결책을 제시하는 사람'일 것입니다. 디지털 시대, 다양한 위기 상황 속에서 효과적인 해결 방안을 찾기 위해 AI 기술을 활용하고, 자신만의 통찰력으로 정보를 통합적으로 선별하여 적용하는 인재들은 분명 그렇지 않은 사람들보다 더 많은 기회를 얻게 될 것입니다.

미래 사회의 직업 대부분에서는 다양한 혁신적 기술이 통합되어 활용될 것이기에 우리 모두는 다양한 기술 및 AI 도구에 익숙해져야 합니다. 따라서 매일 새롭게 발전하는 기술을 배우는 것을 두려워하지 않아야 합니다. 그런 의미에서 AI 시대에 디지털 리터러시를 높인다는 것은 디지털 세상에서 건강하게 소통할 수 있는 역량을 기르고, 아울러 자신을 지키는 능력을 키우는 것을 의미하기도합니다.

현 시점에도 다양한 분야의 다양한 작업 과정이 AI로 수행되고 있습니다. 그러므로 디지털 리터러시를 갖추면, 여러분이 꿈꾸는 미래에 더욱 가까이 다가갈 수 있고, 그 꿈을 놀라운 현실로 만들 수 있답니다.

슬기로운 디지털 윤리 증진 약속

1. 욕설, 인신공격적 발언 등 언어폭력을 하지 않습니다.
2. 사실 여부와 관계없이 타인의 명예를 훼손하지 않습니다.
3. 개인의 사생활, 신상정보 등 개인정보를 유출하지 않습니다.
4. 디지털 공간에서 특정인을 비방하는 행위를 하지 않습니다.
5. 불법 영상물을 공유하거나, 성적 불쾌감을 주지 않습니다.
6. 나와 다르다는 이유로 타인을 비방하거나 차별하지 않습니다.
7. 사실 확인이 되지 않은 허위 정보를 게시/공유하지 않습니다.

오늘부터 나도 AI 전문 작곡가?

Artificial intelligence will be a force that amplifies human creativity.

인공지능은 인간의 창의력을 배가시키는 힘이 될 것이다.

— Mark Hurd —

1. AI로 음악 만들기, 과연 가능할까?

　인공지능은 인간의 학습 능력, 추론 능력, 지각 능력을 인공적으로 구현하려는 컴퓨터 과학의 세부 분야 중 하나입니다. 정보 공학 분야에 있어 하나의 인프라 기술이기도 하지요. 인간을 포함한 동물이 갖고 있는 자연지능(natural intelligence)과는 다른 개념으로 해석됩니다. 최근 인공지능 기술의 발전으로 인해 인간의 고유 영역으로 여겨 왔던 창의성과 실용성, 감성이 요구되는 예술 분야에까지 영역이 확대되고 있습니다.

　피카소와 모네, 고흐 등의 작품 가격을 책정했던 미국 뉴욕의 크리스티 경매장은 2018년 최초로 인공지능 작품 '에드몽 드 벨라미의 초상화(Portrait of Edmond de Belamy)'를 판매해서 화제를 모았습니다. 처음에는 7,000~10,000달러의 낙찰가를 예상했으나, 실제로는 이보다 40여 배 높은 43만 2,500달러(한화 약 4억 9,300만 원)에 판매되었습니다. 앞으로 인공지능이 다양한 예술 분야에 어떻게 자리 잡고, 얼마만큼 예술적 가치가 있을지 깊이 고민해 보아야 하겠습니다.

인공지능의 빠른 기술 혁신으로 인하여 음악 분야에서도 인공지능을 활용한 창작물들이 발표되고 있고, 이에 따라 매년 연주되는 인공지능 작곡의 작품이 늘어나는 추세입니다.

AI 작곡 선두 주자이자 음악학 교수인 데이비드 코프(Prof. David Cope)는 미국의 UC 산타크루즈(University of California, Santa Cruz)의 음악학 교수입니다. 코프를 중심으로 한 교수진은 1980년대부터 AI 작곡에 대해 연구하였으며 'EMI(Experiments in Musical Intelligence)', '에밀리 하웰(Emily Howell)' 등을 연달아 개발하였습니다.

초기 프로그램인 EMI는 기존 작곡가들의 스타일을 학습하고 그들이 작곡했을 법한 곡을 생성하는 데 사용되며 요한 세바스찬 바흐의 음악 스타일에 따라 작곡이 가능한 놀라운 결과를 보여주었습니다.

1993년 코프는 바흐 스타일로 만든 곡을 모아 '계획적으로 만든 바흐'라는 음반을 발표했고, 1997년에는 베토벤, 쇼팽, 모차르트, 라흐마니노프 스타일로 만든 곡을 모아서 두 번째 앨범도 출시했습니다.

EMI 프로그램 기능은 계속 향상되어 같은 해 바흐 풍 음악 작곡 경연이 펼쳐졌습니다. 이는 바로크 시대의 작곡가 바흐, 오리건 대학교의 스티브 라슨 박사, 인공지능 EMI가 만든 3개의 곡 가운데 '진짜 바흐'가 작곡한 음악을 찾는 대회였습니다. 절반이 넘는 청중은 'EMI가 만든 바흐 풍 음악을 진짜 바흐 음악'으로 꼽았습니다. 진실이 밝혀지자 어떤 사람들은 실망감을 주체할 수 없어 했고 음악가들은 믿을 수 없는 결과라며 의미 없는 대결이라고 조롱을 퍼부었습니다.

코프는 여기서 멈추지 않고 계속해서 연구에 몰두하여 AI 작곡가 '에밀리 하웰'도 선보였습니다. 하웰은 방대한 데이터베이스를 기반으로 박자와 구조를 자료화한 뒤 이를 조합하여 작곡합니다. 수학적인 분석을 통해 각 곡에서 유사성을 찾아내고, 바로크부터 현대 음악에 이르기까지 다양한 '풍'의 음악을 만들지요. EMI에서 한층 발전한 모습입니다. 하웰은 특정 작곡가 음악을 분석하여 확률상 가장 자주 나온 음을 고릅니다. 또 화음과 박자 등을 조합해 해당 작곡가 풍으로 곡을 만들 수 있습니다. 하웰은 '모차르트 이후의 교향곡(음악적 지능의 실험)'을 작곡했으며 2009년부터는 앨범도 내고 있습니다.

이렇듯 AI 음악 프로그램은 음악 작곡 분야에서 매우 큰 관심을 받고 있으며 다양한 분야에서 활용되고 있습니다. 또한 무작위성과 규칙성을 조

연주하는 오케스트라

화롭게 결합하여 창조적이고 다양한 음악을 만들어 내는 방식으로 많은 사람의 관심을 끌고 있습니다.

이러한 AI 프로그램들은 음악 작곡 분야에서 창의성을 보완하고 확장하는 데 도움이 될 수 있으며, 음악과 인공지능의 만남을 통해 우리에게 새로운 시각을 제공하고 있습니다.

우리나라에서는 2016년, 경기 필하모닉 오케스트라(경기필)가 에밀리 하웰이 작곡한 음악 '모차르트 풍 교향곡(Symphony in the Style of Mozart)'의 1악장을 연주했습니다. 당시 경기필은 실제 모차르트가 작곡한 교향곡 제34번 1악장도 연주한 뒤 관객들에게 어느 음악이 더 아름다운지 블라인드 테스트를 진행하는 특별한 장면을 선보였습니다.

모차르트는 35년의 짧은 생애 동안 41개의 교향곡을 작곡하였으며 인류 역사상 가장 위대한 작곡가로 손꼽힙니다. 현대의 심리학자들은 모차르트의 아이큐를 현재 환산법으로 계산하면 230~250 정도에 이를 것으로 추정합니다. 보통 작곡하면서 여러 차례 수정을 거듭하는 대부분의 음악가와 달리 모차르트는 곡을 완성하기까지 작품을 수정하는 경우가 거의 없었기 때문입니다. 머릿속에 있는 수많은 악기의 배치를 그대로 악보에 옮기는 데 어려움이 없었다고 하니 AI 작곡 프로그램이 발명되기 전까지는 모차르트야말로 인간 AI 작곡가가 아니었을까 생각됩니다.

당시 경기필의 상임 지휘자는 매일경제와의 인터뷰에서 "처음 악보를 봤을 때 익숙한 멜로디를 이어 붙여 다소 껄끄럽다는 인상이었는데 막상 무대에 올려 지휘자와 연주자들의 호흡이 섞여 들어가니 꽤 좋은 결과물이 나왔다."라며 "리듬을 활용하는 방식, 각 악기의 비중 등 모차르트만의 분위기를 잘 드러낸 곡"으로 평가했습니다. 블라인드 테스트의 결과는 514대 272로 모차르트의 압도적 승리였지만 인공지능의 손을 들어준 관객도 3분의 1 이상이었습니다.

2016년의 AI 작곡 콘서트 연주에 이어 최근에는 작곡 공모전에서도 AI 프로그램으로 만든 곡이 수상하여 화제입니다. 2024년 4월 5일 연합뉴스 기사에 따르면 전라남도 교육청이 주최한 글로컬 미래 교육 박람회를 홍보하기 위해 마련한 박람회 주제곡 공모전에서 인공지능 프로그램으로 만든 노래가 1위에 선정되었습니다. 이 곡은 AI 프로그램에 문자 명령을 여러 차례 입력하여 작곡되었는데, 심사위원들도 심사 과정에서 AI로 만들어진 노래인지 몰랐던 것으로 알려졌습니다. 전라남도 교육청은 주제곡 공모 조건에 AI를 사용하지 말라는 내용이 없었고, 미래 교육이라는 박람회 주제를 잘 담고 있다고 판단해 최우수작으로 선정했습니다.

인간의 고유 영역이라 생각했던 창작 분야에 새바람이 불고 있습니다. 기존에 있는 곡들의 화음과 화성, 형식들을 조합해서 세상에 없는 곡을 만들어 내는 일이 작곡가에게는 창작의 고통을 겪어야 하는 고뇌의 시간이지만 AI에게는 그렇지 않습니다. 오히려 이 분야에서 인간을 앞서가는 추세입니다. 고뇌하지 않고도 형식과 규칙을 분석해서 인간이 설정한 값 그대로 빠르고 편리하게 곡을 완성할 수 있습니다.

인공지능을 통한 작곡은 이제 먼 미래의 이야기가 아닌, 현재진행형인 일상 중의 일부가 되고 있습니다. 앞으로 5년 안에 AI 작곡이 음악 시장에 어떠한 변화를 일으킬지 기대 반 우려 반의 시선 속에서 저작권에 대한 문제 역시 빼놓을 수 없습니다.

저작권이란 '인간'의 사상 또는 감정을 표현한 창작물에 대해 일정 기간 (70년) 동안 그 창작물을 독점적으로 사용할 수 있는 권리입니다. 따라서 저작권자는 자신의 창작물을 다른 사람이 무단으로 이용하는 것을 금지할 수 있습니다. 저작권은 창작에 대한 동기부여를 통해 학문이나 예술과 같은 정신 문화 영역을 발달시키는 데 기여해 왔습니다. 만약 저작권법이 없었다면 모방이 성행하고 누구든 부단한 노력을 통해 창작물을 만들려 하지 않았을 것입니다.

수 세기 동안 창작은 인간 고유의 영역, 모방은 표절의 영역이라고 분류되어 왔으나 현재 'AI를 기반으로 한 모방'은 '창작의 새로운 출발점'으로 그 인식이 변화되고 있습니다. 모방을 통해 창작자는 자신만의 독특한 음악 세계를 더욱 풍부하게 발전시킬 수 있게 된 것입니다. 즉, AI는 새로운 예술 작품 창작의 길로 향하는 새로운 입구가 되어준 셈입니다. 다만 AI 작곡 프로그램의 개발로 창작자의 개성과 창의성. 그리고 인간만이 느낄 수 있는, 감성을 예술로 표현하는 인간 고유의 가치가 저하되지 않도록 세심한 주의가 요구됩니다.

2. AI 작곡, 무한한 음악 창작의 출발

AI 작곡은 현대 음악 창작에 많은 이점을 제공합니다. 몇 가지 주목할 만한 이점들을 알아보겠습니다.

첫째, 무한한 창작 가능성입니다. AI는 빠르게 음악 데이터를 학습하고 다양한 스타일, 장르, 분위기의 음악을 생성할 수 있습니다. 이는 작곡가들에게 무한한 창작 가능성을 제공합니다.

둘째, 시간이 절약된다는 점입니다. AI 작곡은 빠르게 음악을 만들 수 있으며, 작곡가들은 AI를 이용하여 시간을 절약하고 다른 측면에 집중할 수 있습니다.

셋째, 창작자의 창의성을 지원한다는 점입니다. AI는 기존의 음악을 분석하고 특정 스타일이나 특징을 모방할 수 있습니다. 이는 창작자의 창의성을 지원하고 새로운 아이디어를 발전시킬 수 있습니다.

넷째, 커스터마이징이 쉽다는 점입니다. AI 작곡은 사용자의 요구에 따라 특정 분위기, 악기, 리듬 등을 선택하여 원하는 음악을 만들 수 있습니다.

다섯째, 실시간 반응을 볼 수 있다는 점입니다. AI 작곡은 실시간으로 음악을 생성하므로 라이브 공연이나 스트리밍에서도 활용할 수 있습니다.

여섯째, 교육적 측면에서 효율적입니다. AI 작곡을 음악 교육에 활용하여 학생들이 AI를 통해 다양한 음악 스타일을 배우고 음악 창작을 연습할 수 있습니다.

특히 구글의 마젠타 프로젝트(Magenta Project), 소니의 플로우 머신(Flow Machines) 등 IT 분야 유수의 대기업들이 결과물들을 발표하며 인공지능 음악 작곡가를 만들어 내기 위해 활발히 연구, 개발 중입니다. 인공지능은 인간과의 협업을 통해서 창작물을 선보이고 있습니다. 인공지능의 예술 창작 가능성이 다양한 방식으로 진행되면서 인공지능 알고리즘과 인간의 창작이 융합된 예술 창작 사례가 늘어나고 있습니다. 그러나 현재 국내 인공지능과 관련 연구는 IT 산업 분야와 기술 개발에 편중되어 있으며, 인공지능 기술을 접목한 예술 창작 분야에 대한 연구는 아직은 매우 미비한 상황이나 미래 성장성이 빠를 것으로 예상되는 분야입니다.

3. 이 프로그램만 알면, 나도 AI 전문 작곡가!

구글: 마젠타 프로젝트

마젠타 프로젝트(Magenta Project)는 구글 브레인 팀에서 진행하는 인공지능 연구 프로젝트입니다. 이 프로젝트는 음악과 예술 창작 분야에 인공지능을 활용하는 것을 목표로 하고 있으며, 오픈 소스 기반으로 음악 창작 도구를 제공하며 최신 머신러닝 기법을 활용하여 음악을 생성합니다.

창작자들이 다양한 스타일과 장르의 음악을 만들 수 있도록 하기 위한 도구로 활용되지요. 또한 AI를 활용한 음악 생성을 통해 음악 창작의 장벽을 낮추고 누구나 손쉽게 자신만의 음악을 만들 수 있도록 지원하고 있습니다.

소니: 플로우 머신

소니의 플로우 머신(Flow Machines)은 소니 컴퓨터 과학 연구소에서 개발한 인공지능 작곡 프로젝트입니다. 이 프로젝트는 세계 최초로 인공지능을 이용하여 팝송을 작곡한 사례로 주목받았습니다. 방대한 음악 데이터베이스에서 음악 스타일을 배우고, 이를 기반으로 다양한 곡을 만들어 냅니다.

앰퍼 뮤직

엠퍼 뮤직(Amper Music)은 사용하기 쉬운 AI 음악 생성기로, 별도의 음악 이론에 관한 지식이 필요하지 않습니다. 사용자가 원하는 스타일과 분위기를 선택하면 AI가 그에 맞게 음악 트랙을 생성합니다.

아이바

아이바(Aiva)는 사운드트랙, 음악, 비디오 게임 등을 위해 음악을 작곡하는 데 사용되는 AI 프로그램입니다. 프리셋 스타일을 선택하고 음악을 개인화할 수 있습니다.

사운드풀

사운드풀(Soundful)은 클릭 한 번으로 로열티 프리 배경 음악을 생성하는 프로그램으로, 전문 지식이 없어도 쉽게 사용할 수 있습니다.

에크렛 뮤직

에크렛 뮤직(Ecrett Music)은 기존 노래를 학습하여 누구나 음악 클립을 생성할 수 있게 도와주는 도구입니다.

사운드로우

사운드로우(Soundraw)는 무제한으로 로열티 프리 음악을 생성하는 AI 기반 프로그램입니다.

사운드로우 사용법(https://soundraw.io/create_music)

1. 'Create Music' 버튼을 클릭하면 다양한 음악을 무료로 체험할 수 있는 기회 가 제공됩니다. 무료로 가입할 수 있으며, 가입하지 않으면 생성된 음악을 저 장할 수 없습니다.

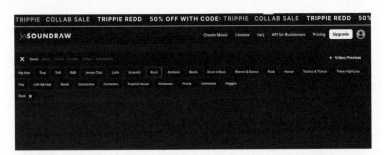

2. 원하는 음악 장르와 길이를 선택하면 작곡이 시작됩니다. 사운드로우의 가장 큰 특징은 비슷한 선택을 해도 매번 음악이 새롭게 달라진다는 점입니다.

4. AI 시대, 음악 교육의 방향성

인공지능이 우리 생활에 깊숙이 들어와 있음에 따라, 학교 음악 수업에도 큰 변화가 예상됩니다. 이에 따라 교사들은 AI와 음악 교육이 융합되는 측면에서 교육 방향을 일부 재설정해야 할 필요성이 있습니다.

고대 그리스 시대부터 음악 교육은 인간의 성격과 도덕성을 발달시키는 중요한 도구로 인식되어 왔습니다. 현재에도 음악은 우리 삶에 밀접하게 연관되어 있으며, 앞으로도 음악의 영향력은 계속해서 확장될 것입니다. 특히, 자아정체성을 찾아가는 청소년들은 음악을 통해 감정을 이해하고 조절하는 능력을 키울 수 있습니다. 슬픔 또는 기쁨과 같은 감정 상황에서 음악을 통해 자신을 치유하는 방법을 배울 수도 있습니다. 이는 학업 역량을 도모하는 과정에도 긍정적인 영향을 미칠 것입니다.

AI와의 공존을 모색하는 시기. 교사의 역할은 그 어느 때보다 중요합니다. 교사는 시대의 흐름에 맞춰 교재 연구 및 학습 방법 연구를 지속해서

해야 합니다. 학생들이 다양한 음악 경험을 할 수 있도록 지원하고, 프로젝트 학습 지도, 개인 맞춤형 학습 설계 등의 다양한 방법을 통해 학습 격차를 감소시키며, 학습 동기를 강화해 주어야 합니다. 또한 학생 개개인이 감성과 창의성을 바탕으로 전 인류에 대해 올바르게 이해하고 존중하는 역량을 신장시킬 수 있도록 교육의 방향을 재설정해야 합니다. 학생들이 미래 융합형 인재로 성장할 수 있도록 하는 힘은 교사로부터 시작될 수 있습니다. 그 뿐만 아니라 사회 구성원, 교육계, 정부의 적극적인 지원, 인식 개선, 지지와 협력 등을 통해 현실화할 수 있을 것입니다. AI 시대, 음악 교육이 '인간 감성과 기술의 융합, 하모니'를 추구할 수 있도록 사회 전반의 관심이 요구됩니다.

인공지능과의 공존을 위하여!

AI is the most important thing humanity has ever worked on.

AI는 인류가 지금까지 연구한 것 중 가장 중요한 것이다.

– Sundar Pichai –

1. 일론 머스크의 경고, GPT 개발을 중단해야 할까?

AI 기술 발전은 인류에게 득(得)일까? 실(失)일까?

　AI는 현대사회에서 가장 혁신적이고 흥미로운 기술 중 하나로 여겨집니다. AI는 우리의 일상생활, 교육, 의료, 산업 등 다양한 분야에서 엄청난 잠재력을 가지고 있습니다. 많은 사람은 AI가 자동차를 운전하고, 병을 진단하며, 심지어 우리가 말하는 것을 이해하고 대답할 수 있다는 사실에 매료되곤 합니다. 이처럼 AI는 우리 삶을 더욱 풍요롭고 편리하게 만들어 줄 수 있는 놀라운 기술입니다.

　그러나 이러한 기술의 발전에도 불구하고, 일부 전문가들은 AI의 위험성에 대해 경고하고 있습니다. 가장 유명한 사례로, 테슬라와 스페이스X의 창립자이자 현대 기술의 선구자인 일론 머스크의 주장입니다. 그는 공개적으로 AI의 발전이 인류에게 큰 위험을 초래할 수 있다고 경고해 왔습니다. 특히 챗GPT와 같은 고도로 발전된 AI 시스템에 대한 우려를 표명했습니다. 챗GPT는 자연어 처리를 기반으로 한 AI입니다. 자연어 처리(NLP, Natural Language Processing)란, 텍스트를 이해시키는 것이 아닌 글자 언어(written language)에 대한 통계적 구조를 만들어 처리하는 방식을 의미합니다. 즉, 문장에서 다음에 나올 단어의 확률을 계산하며, 단어, 문장, 문단에 적용된 패턴을 인식하는 과정을 거치는 방식입니다. 이는 컴퓨터가 사람과 유사한 방식으로 텍스트를 생성하고 대화할 수 있음을 의미합니다. 이러한 측면에서 자연어 처리 기반 AI 기술의 발전은 매우 인상적이지만, 잘못 관리되거나 사용될 경우 예상치 못한 부작용을 일으킬 수 있습니다.

일론 머스크의 우려는 단순히 기술적인 문제에만 국한되지 않습니다. 그는 AI가 잘못된 의도를 가진 사람이나 단체의 손에 들어가면 군사적, 정치적 목적으로 사용될 위험이 있다고 지적합니다. 또한 AI의 독립적인 의사 결정 능력이 인간의 통제를 벗어날 수 있으며, 이는 인류에게 치명적인 결과를 초래할 수 있다고 주장합니다. 이러한 우려는 AI가 단순한 도구를 넘어서, 인간 사회와 문화에 깊숙이 영향을 미칠 수 있는 존재로 바뀌고 있음을 시사합니다.

이러한 배경에서 AI의 윤리적, 사회적 측면에 대한 논의는 매우 중요합니다. AI 기술의 발전은 인류에게 많은 혜택을 가져다 줄 수 있지만, 이와 동시에 책임감 있는 접근 방법이 필요합니다. 예를 들어, AI가 인간의 권리를 침해하지 않도록 보장하는 것, 데이터의 개인정보 보호를 강화하는 것, AI 결정 과정의 투명성을 확보하는 것 등이 필요합니다. 또한, AI 기술이 사회 전반에 미치는 영향에 대해 깊이 있는 연구와 논의가 필요합니다.

일론 머스크와 같은 기술 리더의 경고는 AI의 미래에 대해 신중하게 접근할 필요가 있음을 상기시켜 줍니다. AI 기술은 인류에게 막대한 혜택을 가져다줄 수 있는 동시에, 잘못 사용될 경우 심각한 위험을 초래할 수 있습니다. 따라서 AI의 발전을 위한 책임감 있는 접근 방법을 찾는 것이 중요합니다. 이는 AI가 인류의 삶을 풍요롭게 하는 동시에, 우리가 직면한 도전과 위험을 최소화하는 데 기여할 것입니다. AI 기술에 대한 깊은 이해와 책임 있는 사용이 우리 모두의 미래에 중요한 역할을 할 것입니다.

기회와 도전이 공존하는 시대

AI는 오늘날 가장 혁신적인 기술 중 하나로 여겨지며, 우리의 일상생활과 작업 방식에 혁명을 가져올 잠재력을 가지고 있습니다. 많은 사람들은 AI가 우리 삶을 더 편리하게 만들고 다양한 일들을 도와줄 것이라고 기대합니다. 예를 들어, AI는 교통 체계를 최적화하고, 의료 진단을 개선하며, 개인화된 교육을 제공할 수 있습니다. AI 기술의 발전은 일상생활의 여러 측면에서 인간의 능력을 향상시키고, 효율성을 증가시키며, 새로운 기회를 창출할 수 있습니다.

그러나 이러한 긍정적인 전망과는 별개로, AI의 부정적인 측면에 대한 우려도 존재합니다. 큰 걱정 중 하나는 AI가 인간의 일자리를 대체할 수 있다는 것입니다. 특히 반복적이고 정형화된 작업을 수행하는 직업군에서는 AI에 의한 일자리 감소가 현실화될 수 있습니다. 이는 저숙련 노동자들에게 특히 큰 영향을 미칠 수 있으며, 경제적 불평등과 사회적 양극화를 심화시킬 수 있습니다.

또한, AI가 잘못된 결정을 내릴 수 있다는 걱정도 있습니다. AI 시스템은 대부분 데이터에 기반하여 학습하고 결정을 내리기 때문에, 편향된 데이터나 부정확한 정보가 시스템에 입력될 경우 잘못된 정보가 제공될 수 있습니다. 특히 법 집행이나 의료 진단, 재정 관리 등과 같이 중요한 분야에서 심각한 결과를 초래할 수 있습니다.

이러한 AI 기술의 잠재적 부작용에 대처하기 위해서는 여러 가지 조치가 필요합니다.

첫째, AI 기술의 발전과 함께 인간의 노동 시장에 대한 적응 전략이 중요합니다. 이를 위해 교육 시스템의 혁신이 필요하며, 평생 학습과 기술 재교육 프로그램에 대한 투자가 필요합니다.

둘째, AI 기술의 윤리적 사용과 관련하여 합리적인 규제와 기준을 마련해야 합니다. AI 시스템의 의사 결정 과정은 투명해야 하며, 인간의 가치와 권리를 존중해야 합니다.

이러한 조치들은 AI 기술이 가져올 긍정적인 변화를 최대화하고 부정적인 영향을 최소화하는 데 중요한 역할을 하게 될 것입니다. AI는 우리의 삶을 크게 향상시킬 수 있는 놀라운 기술입니다. 하지만 그것이 인간에게 도움이 되는 방식으로 사용되도록 책임감 있게 관리하는 것이 중요합니다. 우리는 AI 기술의 잠재력을 최대한 활용하면서도, 그것이 가져올 수 있는 위험에 대해 경계해야 합니다.

결론적으로, AI의 미래는 놀라운 기회와 도전이 공존하는 시대입니다. AI 기술의 발전은 인간의 삶을 풍요롭게 하고, 새로운 가능성을 열어 줄 것입니다. 그러나 동시에 우리는 AI가 가져올 다양한 측면의 문제에 대해 신중하게 고려하고, 적절한 대응 방안을 마련해야 합니다. AI 시대를 살아 가는 우리 모두에게 필요한 것은 기술에 대한 깊은 이해, 사용 과정에서의 책임감, 그리고 미래를 위한 준비입니다. AI 기술의 발전은 계속될 것이 므로, 우리는 이러한 변화에 적응하고 삶을 향상시키는 도구로 AI를 적절 히 활용해야 합니다.

미래 세대에게 주어진 과제

AI는 현대 사회에서 점점 더 중요한 역할을 담당하고 있습니다. 이 기술 은 우리의 생활 방식, 작업 환경, 심지어 의사 결정 과정에까지 영향을 미 치고 있습니다. AI의 발전은 놀라운 혜택을 가져다주지만, 동시에 새로운 안전 관련 과제를 제기합니다. AI가 인간을 돕고, 동시에 위험한 일을 피 할 수 있도록 하는 것은 중대한 도전입니다.

AI를 안전하게 사용하기 위한 규칙의 필요성은 점점 더 커지고 있습니 다. 이러한 규칙은 AI 기술이 사람들에게 도움이 될 수 있도록 하면서도, 잠재적으로 위험한 행동을 방지하는 데 중요한 역할을 합니다. 예를 들어, 자율주행 차량, 의료 진단 시스템, 금융 서비스 등에서 AI의 안전한 사용 을 보장하는 것이 중요합니다.

AI 기술의 안전한 사용을 보장하기 위한 구체적인 조치로는 법적 규제 와 산업 표준을 마련해야 합니다. 정부는 AI 기술의 사용과 관련된 법적 기준을 제공하고, 기술 발전을 감독할 수 있는 규정을 제시할 수 있어야 합니다. AI 기술의 발전과 적용은 멈추지 않을 것입니다. 따라서 우리는 AI가 가져올 혜택을 최대한 활용하면서도, 그것이 가져올 수 있는 위험을 최소화하기 위한 방안을 찾아야 합니다. 이를 위해 AI 개발자, 사용자, 정책 입안자, 그리고 일반 대중 모두가 함께 협력하여, AI 기술 사용에 대한 명확한 기준을 마련해야 합니다.

결국, AI 기술의 미래는 우리가 어떻게 이 기술을 관리하고 활용하는지에 달려 있습니다. AI는 우리의 삶을 개선하는 데 크게 기여할 수 있지만, 이를 위해서는 철저한 준비와 책임감 있는 접근이 필요합니다. AI 기술이 인간을 위한 것임을 잊지 말고, 이 기술이 우리 사회에 긍정적인 변화를 불러오도록 해야 합니다.

AI에 대해 고민한다는 것은

AI 기술은 여러 면에서 우리의 삶에 깊은 영향을 미치고 있습니다. 이러한 변화를 이해하고 적응하는 것은 현대 사회에서 필수적입니다. 여러분이 할 수 있는 가장 중요한 일 중 하나는 AI에 대해 배우고, 이 기술이 우리의 생활, 직업, 그리고 사회에 어떤 영향을 미칠지 생각해 보는 것입니다.

AI에 대해 배우는 것은 단순히 기술적인 내용을 이해하는 것을 넘어서, 이 기술이 우리의 윤리적, 사회적 가치에 어떻게 영향을 미칠지 고민하는 것을 포함합니다.

AI가 우리 삶에 미칠 영향을 고민한다는 것은 개인 차원을 넘어서, 사회적, 범지구적 관계를 형성하며 타인과 교류하는 과정에서 더욱 다양한 의

사소통 주제로 소통하고, 통합적인 시각으로 관계를 확장하며, 미래 사회에 대한 융합적인 통찰력을 지닐 수 있는 힘을 기르는 경험을 하고 있음을 의미합니다.

우리는 모두 AI 시대의 일원으로서, 미래의 변화에 적극적으로 참여하고 대응해야 합니다. AI에 대해 학습하고, 이를 바탕으로 의견을 형성하여 주변 사람들과 공유하는 것은 세계시민의 구성원으로서 실천할 수 있는 미래 사회를 향한 대응 방법이 됩니다. 이러한 노력은 AI 기술이 우리 사회에 긍정적인 영향으로 발전하는 데 기여할 것입니다. 따라서 따라서 여러분은 AI 기술 변화를 유연하게 받아들이며, 이에 대한 의견을 주변 사람들과 나누는 데 적극적으로 참여해야 합니다.

우리 모두에게 필요한 것

AI는 현대 사회에서 무한한 가능성을 제공합니다. 이 기술은 일상생활에서부터 고도의 전문 분야에 이르기까지 광범위한 영역에 걸쳐 혁신을 가져오고 있습니다. 하지만 기술 자체보다 더 중요한 것은 우리가 어떻게 그 기술을 사용하는가입니다. AI는 강력한 도구이지만, 그것을 어떻게 활용하느냐에 따라 그 가치와 영향력이 달라집니다.

우리는 AI 기술의 발전을 단순히 관찰하는 것을 넘어서, 이를 이해하고 적절하게 활용하는 방법을 배워야 합니다. AI 기술에 대한 지식은 우리가 더 현명하고 책임감 있는 사용자가 되도록 도와줍니다.

이러한 배움과 이해는 개인 차원에서 시작되지만, 사회 전체에 영향을 미칩니다. 우리가 AI에 대해 배우고, 이를 주변 사람들과 공유함으로써 우리는 더 나은 미래를 만들어 나가는 데 이바지할 수 있습니다. AI 기술은 우리에게 많은 기회를 제공하지만, 그 기술을 어떻게 사용하느냐가 우리의 미래를 결정합니다.

이에 따라 AI 시대를 살아가는 우리 모두에게 필요한 것은 지속적인 학습, 적응력, 그리고 혁신적 사고입니다. 우리는 AI 기술의 발전을 함께 경험하며, 이를 통해 우리 삶을 풍요롭게 만들 수 있습니다. AI는 단순히 기술적 발전을 넘어서, 인간의 삶을 변화시키는 중요한 요소가 되었습니다. 그러므로 우리는 AI를 책임감 있게 이해하고 사용함으로써, 이 기술이 가져다 주는 긍정적인 변화를 최대한 활용해야 합니다. 그리하여 AI와 함께 성장하며, 더 나은 미래를 위해 함께 나아가야 합니다.

2. AI 시대, 잃을 수 없는 것이 있다면

양극화 문제가 문제!

AI는 경제 분야에서의 혁명적인 변화를 불러오고 있습니다. 이러한 변화는 헬스케어, 교육, 제조업 등 다양한 분야에서의 효율성과 생산성 향상으로 나타나고 있으며, 새로운 기회의 창출을 가능하게 하고 있습니다. AI 기술은 질병을 더 정확하게 진단하고, 맞춤형 교육을 제공합니다. 또한 생산 과정을 자동화하여 비용을 절감하고 품질을 개선하는 등 다양한 방법으로 우리의 삶을 개선하고 있습니다.

하지만 AI의 급속한 발전과 적용은 사회적 양극화 문제를 심화시킬 수 있는 잠재적 위험을 내포하고 있습니다. 특히 AI 기술이 일부 직업들을 대체함에 따라 기술에 능숙한 사람들과 그렇지 않은 사람들 사이의 격차가 점차 확대되고 있습니다. 이는 저숙련 노동자들에게 특히 불리하게 작용할 수 있으며, 기술 발전의 혜택을 고르게 누리지 못하는 상황을 초래할 수 있습니다.

AI가 가져오는 이러한 도전은 사회적, 경제적 측면에서 중요한 문제를 제기합니다. AI의 자동화와 효율성 증대는 경제 발전에 많은 이점을 가져다 주지만, 동시에 일자리 감소와 같은 부정적인 사회적 영향을 미칠 수 있습니다. 따라서 AI 기술의 발전과 사회적 영향 사이의 균형을 찾는 것이 중요합니다. 이를 위해 AI 기술의 발전과 동시에 사회적 책임을 고려하는 접근 방식이 필요합니다.

AI 기술의 혜택을 공평하게 분배하고, 기술 격차를 줄이기 위한 정책과 전략이 필요한 시점입니다. 이는 AI가 우리 사회에 가져올 긍정적인 변화를 최대한 활용하면서도, 그로 인한 부정적인 영향을 최소화하기 위한 핵심적인 과제입니다.

AI, 미래를 대비하는 필수 선택

AI 기술은 우리 시대의 가장 중요한 혁신 중 하나로, 지속해서 발전하고 있습니다. 이러한 변화에 발맞추어 가기 위해 AI 기술에 대해 지속적으로 학습하고, 이에 대한 이해를 넓혀야 합니다. AI 기술의 기본 원리부터 최신 동향, 그리고 그것이 사회와 산업에 미치는 영향에 이르기까지 다양한 측면을 포괄적으로 이해하는 것이 중요합니다.

AI에 대한 지식은 단순히 학문적 관심을 넘어서, 실제 진로 선택 과정 또는 관심 분야에서의 적용을 탐색하는 데 도움이 될 것입니다. 예를 들어 여러분이 의료, 금융, 교육, 또는 다른 어떤 분야에서 일하든, AI 기술이 어떻게 그 분야를 변화시킬 수 있는지 이해하는 것이 중요합니다. 이는 새로운 진로 선택 분야로의 진출 기회를 창출하거나, 현재 업무를 더 잘 수행하는 데 도움이 될 수 있습니다.

또한, 기술의 발전에 따라 적응하는 능력을 개발하는 것도 중요합니다. 이는 새로운 기술을 배우고, 변화하는 작업 환경에 유연하게 대응하는 능력을 의미합니다.

AI 기술이 빠르게 발전함에 따라, 우리는 모두 이러한 변화를 수용하고 활용하는 방법을 배워야 합니다. AI에 대해 지속적으로 학습하고, 진로 선택 과정에 적용하는 것은 미래 사회에서 요구되는 중요한 단계입니다. AI 시대를 살아가는 우리 모두에게 필요한 것은 지속적인 학습과 적응, 그리고 혁신적인 사고입니다.

AI와 인간 사이, 균형이 필요해

AI 기술이 확산함과 동시에 인간과 기계 간의 근본적인 관계에 대한 논쟁이 뜨거운 감자입니다. AI에 의해 인간이 지배당하는 시대가 올 것이라며 우려하는 의견도 있지만, 창의성 등 인간만의 고유 영역이 더욱 강조되기 때문에 인간이 지배당하는 일은 절대 없을 것이라는 의견도 제기됩니다. 여러분들의 생각은 어떠한가요?

AI 기술은 다양한 분야에서 효율성과 편의성을 향상시키고 있습니다. 자동화된 시스템은 복잡한 작업을 수행하고, 머신러닝 알고리즘은 대규모 데이터를 분석하여 유용한 결과물을 제공합니다. 그러나 이러한 기술의 발전은 인간의 역할과 영향력을 줄이는 결과를 초래할 수 있습니다.

AI의 결정이 인간의 가치와 도덕적 기준에 어떻게 부합할 수 있는지에 대한 질문이 제기되기도 합니다. AI 시스템의 자율성이 증가함에 따라, 이들 시스템이 인간의 의도와 목적을 올바르게 반영하고 있는지, 그 과정에서 본질적인 인권이 침해당하는 것은 아닌지, 그리고 인간이 이를 적절하게 통제할 수 있는지에 대한 면밀한 검토가 필요합니다.

따라서 AI의 발전과 적용에 있어서 인간의 역할과 통제를 어떻게 유지할 것인지에 대한 사회적 논의 과정과 합의가 필요합니다. 인간 중심의 AI 개발, 윤리적 기준의 설정, 그리고 AI의 결정 과정에 대한 투명성 확보는 이러한 문제에 대한 해결책을 모색하는 데 중요한 요소가 됩니다. AI 기술의 발전은 인류에게 많은 혜택을 안겨주었지만, 이를 어떻게 관리하고 활용하는지가 전 인류에게 중대한 영향을 미칠 것입니다.

AI와 인간 중 누가 정복당하고 누가 승리할 것인지, 단순하게 이분법적인 시각에서만 승자를 가리려는 사고는 현시대에서 무의미한 과정일 수 있습니다. 이미 AI가 일상이 된 현시점에서 승자를 가리기보다는 인류가 AI와 현명하게 공존하는 방법은 무엇인지, 공존 과정에서 반드시 지켜내야 할 '인간 삶의 본질적인 가치'는 무엇인지에 대하여 고민하는 것이 더 건설적인 과정이 될 것입니다. AI와 인간 사이에서 시급하게 필요한 것은 '승자와 패자의 선정 여부'가 아니라 '균형 있는 조화', '상호 공존하며 미래에 대응하는 힘'입니다.

AI와의 공존 시대, '본질'을 사수하라!

AI 기술이 하루가 다르게 급속도로 발전하고 있는 현 상황에서, '이것만 큼은 꼭 사수해야만 한다.'라는 '본질'을 정해 본다면, 무엇이 해당할까요?

첫째, AI 개발의 전반 과정에서 인간뿐만 아니라 삶의 공간인 자연과의 조화로운 삶이 실현되어야 합니다. 즉, AI 기술 개발 과정에서 생태 중심 적 접근 방식이 고려되어야 합니다. 쾌적한 환경에서 살아갈 권리가 보장 되며, 인간의 권리 및 가치가 최우선으로 존중되는 삶, 그 과정을 AI가 돕 도록 기술을 개발시켜야 합니다. 이는 AI 기술이 환경 및 인간의 생활에 미치는 영향을 고려하고, 삶의 질을 향상시키는 방향을 추구해야 함을 의 미합니다.

둘째, AI 의사 결정 과정에서의 공정성, 투명성이 보장되어야 합니다. AI 시스템이 정보를 처리하는 과정에서 그 누구의 인권도 소외되지 않는 결괏값이 도출되어야 합니다. 특정 인종, 특정 계층이 소외되거나 혹은 과 도한 특혜를 받지 않도록 AI 알고리즘 및 데이터 처리 과정이 투명하게 공 개되어야 합니다. 또한 이를 실현하기 위해 관련 이해관계자들과의 소통 을 강화하는 과정도 동반되어야 합니다.

셋째, AI 기술의 사회적, 윤리적 책임 준수를 위한 가이드라인 마련 및 인식 개선이 뒷받침되어야 합니다. 기업, 정부, 그리고 연구자들을 중심으 로 AI 기술의 발전이 사회에 미치는 영향을 면밀히 검토하고, 합의된 사회 적 기준이 마련되어야 합니다. 또한 국제적 협약과 규제를 마련해야 합니 다. 국제적으로 표준화된 기준을 바탕으로 AI 기술을 관리하는 과정에 전 세계가 함께 협력하고 연대해야 합니다. AI 기술의 안전한 사용과 책임 있는 활용을 보장하기 위한 국제적인 노력이 그 어느 때보다 절실하게 요구되는 시점입니다.

넷째, AI 기술 발전을 통해 인류의 복지를 증진하기 위한 노력이 사회 전반에서 이루어져야 합니다. 기술과 인간 삶의 조화로운 공존, AI 기술을 통한 인간다운 삶이 보장되어야 합니다. AI는 개인 맞춤형 의료 서비스 지원, 효율적인 교통 시스템 운영, 맞춤형 개별화 교육 경험 제공을 증폭시키는 역할을 합니다. AI 개발 과정에서 사회권을 보장하고 전 인류의 복지가 증진될 수 있어야 합니다.

3. 하이터치 – 하이테크 교육의 미래를 향하여

에디슨은 1913년, "학생들은 앞으로 눈으로 수업을 받게 될 것이므로, 책은 곧 쓸모가 없어진다. 인간이 필요로 하는 모든 분야의 지식은 활동사진으로 가르칠 수 있다. 따라서 학교 체제는 10년 안에 완전히 바뀔 것이다."라는 이야기를 남겼습니다. 현재, 학교는 10년이 아닌 1년, 혹은 6개월, 혹은 하루하루가 다르게 진화하고 있습니다.

AI 기술의 적용과 동시에 교육 환경 역시 매우 빠르게 변화되고 있습니다. 인공지능이 삶의 일부가 되어버린 현재, 변화가 빠르게 진행될수록 미래 교육에 대한 진지한 고찰과 교육 철학이 기반된 교육 방향 설정은 필수적으로 선행되어야 합니다. 교육은 미래를 준비하는 과정이며, 미래 사회 변화에 대응할 인재를 양성하기 위한 것이기 때문입니다.

그렇다면 AI 시대, 미래 교육은 어떠한 가치를 지향해야 할까요?

OECD는 'OECD 학습 나침반 2030(OECD Learning Compass 2030)'을

제시한 바 있습니다. 이는 '미래 사회의 학습자에게 중요한 역량은 무엇인가'를 연구한 결과입니다. 사회를 혁신적으로 변화시키고, 질 높은 삶을 위한 미래를 만드는 데 필요한 역량을 '변혁적 역량(Transformative Competencies)'이라고 정의하며, 새로운 가치 창출, 긴장과 딜레마의 조화, 책임감, 이 세 가지를 미래의 삶을 만들기 위한 '변혁적 역량'이라고 규정하였습니다. 이러한 역량 중심 교육은 과거의 지식 중심 교육관을 탈피하여 미래 삶을 개척하는 힘을 갖추게 하는 것에 중점을 둡니다. 즉, 학습 나침반은 현재의 교육 방향을 성찰하게 하고, 미래 교육을 향한 새로운 방향을 설정할 수 있도록 돕는 역할을 합니다.

2023년, 교육부에서는 AI 디지털 교과서가 도입됨에 따라 에듀테크를 넘어선 하이터치-하이테크(HTHT/High Touch-High Tech) 교육 모델을 제시했습니다. 하이터치-하이테크 교육 모델에서는 학생의 '핵심 역량' 강화를 중요한 교육 요소로 강조합니다.

하이터치-하이테크 교육은 학생들이 일괄적, 동일한 속도, 동일한 내용을 학습하는 것이 아닌, 학생 개개인에게 적합한 최적의 내용, 최적의 시간, 최적의 속도로 학습할 수 있는 환경 제공을 지향합니다. 이는 개별화 학습, 맞춤형 학습으로 이어지며, 결과적으로는 개개인 모두가 성공의 경험을 통해 성장할 수 있는 교육을 실현합니다.

교사는 단순 지식 전달자가 아닌, 수업 전반을 디자인하고, 학생 개개인의 역량을 파악하며, 맞춤형 피드백을 제공해 주는 학습 코치로서 역할을 하게 됩니다. 따라서 학생이 스스로 학습 목표를 달성할 수 있도록 지원하는 등 학습 참여를 유도합니다. 또한 사회 정서적 멘토의 역할을 통해 학생들이 사회·정서적 역량까지를 함양할 수 있도록 변화를 끌어내는 것이 하이터치(High Touch)로서의 교사에게 주어진 새로운 역할입니다.

이미 미래 교육이 진행되고 있는 오늘의 교실에서는 단순 지식 전달이 아닌, 문제 해결 중심의 사고력 교육, 빅 데이터 분석 기반의 프로젝트 수업 등이 진행되고 있습니다. 그 과정에서 교사는 학생들이 AI 등 디지털 기술을 활용하여 새로운 문제 해결 방식을 창의적으로 도출할 수 있도록 개별화, 맞춤화된 지도 과정을 지원합니다. 이것이 바로 에듀테크(Edu Tech)를 활용한 하이테크(High Tech) 교육이며, 그 과정에서 학생들은 비판적 사고, 통합적 사고력 등을 확장해 나갑니다. 미래 사회 문제에 유연하게 대응할 수 있도록 하는 힘은 바로, 바람직한 교육의 미래를 향한 모든 구성원의 노력 과정에서 출발합니다.

AI 기술은 미래에 한 발짝 더 가까이 다가갈 수 있도록 우리의 손을 잡아 이끌고 있습니다. 미래 교육을 향해 전진하는 여정은 이미 시작되었지만, 잊지 말아야 할 것이 있습니다. AI 기술이 아무리 빠르게 변할지라도 시대를 관통하여, 변하지 않는 가치는 반드시 지켜져야 한다는 것입니다.

• 세계시민의 일원으로서 국제사회의 주요 이슈에 관심을 가지는 일
• 개인의 바람직한 가치관을 확립하고, 나와 타인을 존중하기 위하여 노력하는 일
• 지속가능한 인류의 미래를 위해 사소한 일상 속 변화를 시도하는 과정에 동참하는 일
• 개인의 문제를 성찰하는 과정에서 한 사회, 공동체의 구성원이라는 책

임감을 가지는 일

이는 나, 너, 우리, 전 인류가 내일의 미래를 위해 함께 노력해야 할 과제입니다. 하이터치－하이테크 교육은 세상을 바라보는 우리의 시각과 포용력을 확장해 줄 것입니다. AI 기술은 미래의 우리 삶이 더욱 평안(平安)할수 있도록 지속가능한 미래 기술을 통해 여전히 인류를 깜짝 놀라게 할 것입니다.

AI와의 공존, 공존을 위한 미래. 공존을 통해 하나 되는 세상, 다가올 미래에 안녕(安寧 – 아무 탈 없이 평안함)의 의미를 담아 인사를 건넵니다.

안녕, High 인공지능.

Hi, 인류의 미래!

참고문헌

참고도서

김동철, 2021, 『뉴스를 전합니다 빅데이터와 인공지능』, 영진닷컴.

김명락, 2020, 『이것이 인공지능이다』, 슬로디미디어.

김성화, 권수진, 2019, 『미래가 온다, 인공지능』, 와이즈만북스.

김진하, 2021, 『인공지능 작곡 프로그램의 발전 방향의 연구(A Study on the Development Direction of Artificial Intelligence Composition Program)』, 상명대학교.

박민규, 2020, 『세상을 발칵 뒤집어 놓은 IT의 역사』, 빈빈책방.

송준섭, 2018, 『재미있는 인공 지능 이야기』, 가나출판사.

신성권, 서대호, 2022, 『10대라면 반드시 알아야 할 4차 산업혁명과 인공지능』, 팬덤북스.

심재우, 김혜경, 전혜인, 김미소, 2023, 고교학점제 메타캠퍼스, 진한엠앤비.

오니시 가나코, 2019, 『가장 쉬운 AI입문서』, 아티오.

오승현, 2019, 『인공지능 쫌 아는 10대』, 풀빛.

유발하라리, 2017, 『호모 데우스(미래의 역사)』, 김영사.

이두현, 김선아, 권미혜, 조정은, 전혜인, 송윤경, 한정원, 강유재, 2023, 『지구의 온도가 1℃ 오르면 어떻게 되나요』, 푸른길.

정동훈, 2021, 『인공지능, 너 때는 말이야』, 넥서스.

칸자키 요지, 2019, 『최신 인공지능: 쉽게 이해하고 넓게 활용하기』, 북스힐.

한지우, 2021, 『AI는 인문학을 먹고 산다』, 미디어숲.

인터넷 자료

과학기술정보통신부(관계부처 합동), '사람이 중심이 되는 『인공지능(AI) 윤리기준』', 2020.

교육부, '2022년 디지털 인재양성 종합방안 기본계획', 2022.09.15.

권재원, '인공지능 '도로보군'은 왜 도전을 멈추었는가?', 교육을 바꾸는 사람들, 2020.1.22., https://21erick.org/column/1635/

그것이 알고 싶다, '악몽이 된 소풍─모영광 군 실종 미스터리', SBS, 2022년 7월 16일 방영.

김동표, '미술관이 살아있다…피카소 Q&A 해주는 인공지능', 아시아경제, 2017.6.17.,

https://www.asiae.co.kr/article/2017061622315284605

김선호, '가천대 길병원, IBM '왓슨 포 온콜로지' 국내 최초 도입', 메디포뉴스, 2016.9.8.,
　　https://www.medifonews.com/news/article.html?no=122024

김성식, 'AI가 만든 만화, 저작권은?…美 당국, 인정 안 했다', 뉴스1, 2023.02.23., https://
　　www.news1.kr/articles/4962873

김지연, '이제 AI가 유방암 검진에 적용될 준비가 됐다', 포인트 경제, 2023.9.11., https://
　　www.pointe.co.kr/news/articleView.html?idxno=6146

레터웍스, '[AI 이야기] 인간 VS 인공지능 (2)왓슨(Watson)', 2021.9.17., https://www.letr.
　　ai/blog/story-20210917

레터웍스, '[AI 이야기] 인간에게 도전한 인공지능 (1)딥 블루(Deep Blue)', 2021.9.10.,
　　https://www.letr.ai/blog/story-20210910

류현정, 'AI와의 지독한 갈등이 시작됐다 : 10대 사건 [류현정의 아하! 스토리]', 조선경제,
　　2023.06.29., https://url.kr/upy2ck

문화일보, '美 코프박사 EMI프로그램 개발', 문화일보, 1997.11.28., www.munhwa.com/
　　news/view.html?no=1997112834000101

문화체육관광부 블로그, '국회박물관과 국립중앙박물관에서도 '큐아이'를 불러주세요',
　　2022.6.9., https://url.kr/b3me9l

박건희, '"챗GPT에 무단 사용됐다"…뉴욕타임스, 오픈AI·MS 상대 저작권 소송', 동아사이
　　언스, 2023.12.28., https://www.dongascience.com/news.php?idx=63085

서믿음, '챗GPT가 쓰고 AI가 번역했다…7일 만에 만든 자기계발서 출간', 아시아경제,
　　2023.02.17., https://view.asiae.co.kr/article/2023021714441865125

손경호, '당뇨병성 망막증 진단…AI, 의사 수준 됐다', ZDNET Korea, 2017.4.27., https://
　　zdnet.co.kr/view/?no=20170427154402

손효주, 'AI로 부활한 순직 조종사 "엄마, 보고 싶었어요"', 동아일보, 2023.7.7., https://
　　www.donga.com/news/People/article/all/20230706/120099104/1

신재현, ''딥페이크' 재미들린 청소년들…"얘들아, 그거 범죄야"', 뉴시스, 2021.05.03.,
　　https://www.newsis.com/view/?id=NISX20210503_0001428615

심언기, '상반기 유통업체 매출 전년比 5.7%↑…소비침체 속 코로나 기저효과', 뉴스1,
　　2023.7.26., https://www.news1.kr/articles/5120745

여성가족부, '2022년 청소년 인터넷·스마트폰 이용 습관 진단 조사'

위키백과, '미드저니', https://ko.wikipedia.org/wiki/Midjourney

위키백과, '알파고 대 이세돌', https://url.kr/jniyug

위키백과, '알파고', https://url.kr/xh56ea

유성민, AI, "'감성 컴퓨팅' 발전 이끌다', The Science Times, 2019.1.21., https://url.kr/wf89ly

이근하, '문화해설사 큐아이 도서·산간 지역에도 출동한다', 정책주간지 K 공감, 2024.2.29., https://url.kr/rfc31o

이미경, '인공지능 '도로보군' 도쿄대 낙방 까닭은', 한겨레, 2019.10.19., https://www.hani.co.kr/arti/culture/book/871456.html

이신, 허유경, 김혜미, '빅데이터를 이용한 교통계획: 심야버스와 사고줄이기', 서울정책아카이브 Seoul Solution, 2017.3.4., https://url.kr/28dy31

이용호, '이용호가 말하는 '생활 속의 인공지능', 인공지능 AI로 그린 그림의 저작권은 누구에게 있나?', 한국강사신문, 2023.08.30., https://url.kr/i8m5wx

이인복, '효용성 높아지는 당뇨병 망막 감지 AI…순응도도 높여', Medical Times, 2024.1.12., https://www.medicaltimes.com/Main/News/NewsView.html?ID=1156940

이준경, '미술 작품의 원본과 모조품 구분, AI로 쉬워진다', AI 타임즈, 2019.09.07., https://www.aitimes.com/news/articleView.html?idxno=47310

임민철, 'IBM AI 왓슨의 비즈니스 활용사례 대방출', ZDNET Korea, 2017.11.14., https://zdnet.co.kr/view/?no=20171113135224

정미하, 'AI와 인세도 나눠야 할까?…챗GPT와 함께 쓴 전자책 '봇물'', 조선비즈, 2023.02.22., https://url.kr/gewj8u

조행만, 'AI 타임즈. AI의 놀라운 복원 기술…중세의 명화가 되살아난다', 2021.10.11., https://www.aitimes.com/news/articleView.html?idxno=140960

형민우, "'AI 작곡이 최우수작'…전남 미래교육박람회 주제곡 '화제'", 연합뉴스, 2024.4.5., https://m.yna.co.kr/view/AKR20240405156400605

OGILVY, 'SÃO PAULO, BRASIL, For IBM', https://sites.wpp.com/wppedcream/2017/digital/the-voice-of-art/

Paulina Okunytė, 'First AI gallery curator: "AI is an enemy, but we have to love it"', cybernews, 2023.1.26., https://url.kr/zm7bkf

theartnewspaper, "The 100 most popular art museums in the world—who has recovered and who is still struggling?', https://url.kr/dbn7xh

High 인공지능 Hi 인류의 미래

세계시민으로 자라는 청소년 AI 교실

초판 1쇄 발행 2024년 6월 21일

지은이 전혜인, 강유재, 김지수, 서현선, 송윤경, 심재우, 안현이, 정해천, 조정은,
        한정원, 황지선

펴낸이 김선기
펴낸곳 (주)푸른길
출판등록 1996년 4월 12일 제16-1292호
주소 (08377) 서울시 구로구 디지털로 33길 48 대륭포스트타워 7차 1008호
전화 02-523-2907, 6942-9570~2
팩스 02-523-2951
이메일 purungilbook@naver.com
홈페이지 www.purungil.co.kr

ISBN 978-11-7267-003-0   43300